电子商务人才培养系列教材·服务岗位群

# 零售基础


杨建曾　韩　磊　崔志远 ◎ 主　编

郭长慧　李海燕 ◎ 副主编

電子工業出版社

Publishing House of Electronics Industry

北京·BEIJING

## 内 容 简 介

本书立足于当前零售业的发展现状及趋势，紧密围绕岗位人才需求，结合职业院校人才培养模式和学生实际情况，全面系统地阐述了零售业的基本理论和基本技能，旨在提升学生的零售基础知识和零售运营能力。本书共6个项目，内容包括零售基本认知、认识零售消费者、探究零售业态、开展零售运营、走进新零售、遵守零售法律法规等方面的知识。

本书可作为职业院校电子商务、市场营销、商品经营等相关专业的教材，也可作为相关从业人员的参考用书。



**图书在版编目（CIP）数据**

零售基础 / 杨建曾，韩磊，崔志远主编. -- 北京 : 电子工业出版社，2025. 8. -- ISBN 978-7-121-50470-9

Ⅰ. F713.32

中国国家版本馆 CIP 数据核字第 2025HB3823 号

责任编辑：罗美娜
印　　刷：北京建宏印刷有限公司
装　　订：北京建宏印刷有限公司
出版发行：电子工业出版社
　　　　　北京市海淀区万寿路 173 信箱　邮编　100036
开　　本：880×1 230　1/16　印张：11.25　字数：234 千字
版　　次：2025 年 8 月第 1 版
印　　次：2025 年 8 月第 1 次印刷
定　　价：38.00 元

凡所购买电子工业出版社图书有缺损问题，请向购买书店调换。若书店售缺，请与本社发行部联系，联系及邮购电话：（010）88254888，88258888。

质量投诉请发邮件至 zlts@phei.com.cn，盗版侵权举报请发邮件至 dbqq@phei.com.cn。

本书咨询联系方式：（010）88254617，luomn@phei.com.cn。

# PREFACE 前　言

在全球经济一体化和技术日新月异的背景下，零售业作为现代商贸流通体系的重要组成部分，在引导生产、扩大消费、吸纳就业等方面发挥着不可替代的作用。

本书立足于当前零售业的发展现状及趋势，紧密围绕岗位人才需求，结合职业院校人才培养模式和学生实际情况，精心设计了6个项目，内容包括零售基本认知、认识零售消费者、探究零售业态、开展零售运营、走进新零售、遵守零售法律法规等方面的知识。希望通过对零售业务全流程的技巧和实操步骤的详细讲解，帮助正在学习或想要学习零售行业的读者更好地认识零售、学习从事零售业务应具备的实用技能。

本书的特点如下。

**1．立德树人，融入课程思政**

本书将正确的政治导向贯穿始终，把党的教育方针融入教材编写的每一个环节，将职业精神和工匠精神融入人才培养全过程。本书以学生为中心，采用探究式设计，引导学生深入了解零售业，潜移默化地培养学生爱国敬业、勇于创新、诚信守法、回报社会、放眼世界的企业家精神。

**2．体系完整，紧跟行业发展**

本书详细介绍了零售业从传统模式向数字化转型的过程，既包括基础理论讲解，又涉及新零售技术应用，确保内容能够紧跟时代步伐，适应未来零售业的发展需求。

**3．守正创新，培养实践能力**

本书由校企合作开发，坚持以提高学生整体素质为基础，以培养学生的应用能力特别是零售岗位实践能力为主线，注重理论与实践相结合，通过任务驱动式教学方法，让学生在实践中学习、在学习中实践，全面提升其应用能力和岗位适应性。

本书由山东商务职业学院杨建曾、章丘中等职业学校韩磊、山东商务职业学院崔志远担任主编，淄博信息工程学校郭长慧、青岛外事服务职业学校李海燕担任副主编。本书具体编写分工如下：韩磊负责编写项目1，郭长慧负责编写项目2，李海燕负责编写项目3，日照职业技术学院刘琼负责编写项目 4，杨建曾、崔志远负责编写项目 5，山东电子职业技术学院刘林负责编写项目 6，全书由杨建曾、韩磊、崔志远负责拟定编写大纲及统稿。此外，山东弘度互联网科技集团有限公司姜福杰先生、王娜女士也参与了教材的编写工作，保证了教学过程和工作岗位全方位对接。

由于编者水平有限，书中难免存在不足之处，敬请广大读者批评指正。

编　者

CONTENTS 目录

CONTENTS 目 录

项目 1

# 零售基本认知

零售业上接生产、下连消费，是国民经济的重要先导产业之一，直接影响和带动经济总量的增长与产业结构优化，反映社会再生产的速度和规模，关系人民群众生活品质的高低。由于零售业具有点多面广、零星分散、渠道多、门槛低等特点，所以具有广泛吸纳就业的基础性作用，并可以满足消费者多层次、多元化的消费需要，改善生活体验。通过本项目的学习，我们将认识零售、零售商及支撑零售业发展的各类零售服务商，了解我国零售业发展的状况，为后续进一步学习零售知识打下基础。

## 学习目标

### 素质目标

1. 感受我国零售业取得的巨大成就。
2. 培养创新精神，为建设数字中国作贡献。

### 知识目标

1. 理解零售的概念和特征。
2. 掌握零售的功能。
3. 理解零售商的任务和特征。
4. 掌握零售服务商给零售业带来的变化。
5. 了解我国零售业发展的现状和趋势。

### 能力目标

1. 能够正确识别、判断零售业务。
2. 能够根据所学知识，认识并探索零售业发展新模式。

## 案例导入

近年来，W超市借助一系列数字化工具，全面转型为智慧零售：小程序下单、消费者刷脸收银；距离门店3千米以内的消费者通过超市在线商城下单或现场下单，不仅省去排队等候时间，还可享受1小时内闪电送达服务。

W超市的核心竞争力在于立足消费者，回归零售业的本质，不断挖掘人的价值。为此，W超市确立了数字化转型战略：消费者数字化、产品数字化、运营数字化，最大限度地为消费者提供优质的消费体验。W超市总经理王先生说："随着数字化的应用，W超市的盈利模式会发生很大变化，我们要从过去依赖商品的买卖差价盈利，转变为挖掘消费者的全生命周期价值，来实现盈利增长。"

对于数字化转型的具体路径，W超市有清晰的规划。2022年，W超市构建了数字化蓝图，即实现消费者、产品、运营的全面数字化。具体而言，借助平台化数据中心，实现在消费者层面可识别、可访问、可洞察、可服务，在产品层面可描述、可搜索、可跟踪、可预测，在运营层面可量化、可追溯、可评价、可优化。

2023年是W超市数字化战略正式落地的一年。W超市采取稳扎稳打的策略，打造了智慧零售旗舰店。在超市内，数字消费场景随处可见。例如，消费者只需使用集扫码购买、电子支付、会员码券等功能于一体的"W超市购物"小程序，就可以即买即用，让消费者的购物体验更加便捷顺畅。刷脸支付也是一大亮点。消费者可先为电子支付设置"刷脸"，选好产品后，只需在人脸识别自助收银机进行人脸识别认证，无须掏出手机即可完成支付，实现离店"不停留，无感知"，整个过程仅需5~8秒。消费者购物后，只需在超市小程序中输入车牌，即可与车辆建立导航路线，快速找到自己的爱车。

在零售业举步维艰时，W超市选择回归零售业本质，进行以消费者为中心的全方位数字化转型：从会员数字化到产品数字化再到运营数字化。W超市的转型实践给了零售业一个很好的启示：数字化只是手段，提升消费体验才是最终目的。

**想一想**

近期你在购物过程中，使用过哪些电子支付工具？和同学们交流一下你的购物体验。

# 任务 1　零售概述

## 1.1.1　认识零售

### 1. 什么是零售

在日常生活中，我们每时每刻都在享受着零售带来的便利：小到无人售货亭、快递员送货上门；大到会员俱乐部、顾客服务中心。零售不仅与我们的生活息息相关，也是反映一个国家和地区经济运行状况的“晴雨表”。那么，应该怎么定义零售呢？

零售是指直接将商品或服务销售给最终消费者，以供其最终消费的商业活动，是商品或服务从流通领域进入消费领域的最后环节。

**零售资讯**

国家统计局数据显示，2023 年，我国国内生产总值超过 126 万亿元，按不变价格计算，比上年增长 5.2%。全年社会消费品零售总额超 47 万亿元，达到 471 495 亿元，比上年增长 7.2%；全年实物商品网上零售额 130 174 亿元，按可比口径计算，比上年增长 8.4%，占社会消费品零售总额比重为 27.6%。

我们可以从以下几方面理解零售的概念。

（1）零售是将商品或服务提供给消费者作为最终消费之用，而非转售或加工

例如，商家将行车记录仪出售给消费者，消费者将之安装于自己的车上，这种交易活动便是零售。若消费者是车商，而车商将行车记录仪装配于汽车上，再将汽车出售给消费者，这种交易活动则不属于零售。

（2）零售不仅向最终消费者出售商品，也包括出售相关服务

零售活动常常伴随商品出售提供各种服务。例如，商家将消费者购买的空调送货到家，并负责安装及保养等。多数情形下，消费者在购买商品时，也购买了相关服务。

（3）零售的形式多种多样

零售活动不一定非在零售店铺中进行，也可以利用一些使消费者便利的设施及方式。例如，在黄河流域，很多瓜农在田间地头以网络直播的形式销售自家种植的甜瓜。无论商品以

何种方式、在何地出售，都不会改变零售的性质。

（4）零售的对象不限于个体，也包括非生产性购买的集团或组织

例如，某公司在重阳节来临之际，订购蜂蜜发放给公司员工慰问员工父母；某学校购买办公用品，以供学校教师办公使用。所以，零售活动的提供者在寻找消费者时，不可忽视团体对象。

### 2. 零售的特征

在零售交易中，零售商直接面对最终消费者。通过零售经营，商品离开流通领域进入消费领域，成为真正的消费品。从这个意义上讲，零售是贸易过程的终点，处于生产与消费之间中介地位的终端。零售的特征如下。

（1）交易规模小，交易次数多

零售交易的对象是众多而分散的消费者，这就决定了每笔交易量不会太大，而较少的交易量不足以支撑消费者的长期需求，因此，零售交易的频率就特别高。由于零售交易单笔交易量少，交易次数多，这就要求零售商必须严格控制库存量。

（2）零售交易受消费者购买行为的影响比较大

零售交易的对象是最终消费者，而消费者的购买行为具有多种类型，很多消费者在购买商品时表现为无计划的冲动型或情绪型。面对消费者无计划的消费行为，零售商就要特别注意激发消费者的购买欲望和需求兴趣。因此，零售商都会在商品陈列展示、促销策略等方面下功夫，以促成更多的交易。

（3）零售经营的商品种类繁多且富有经营特色

消费者在购买商品时往往要“货比三家”，以买到称心如意、物美价廉的商品为目的。因此，零售商往往都有自己的经营特色以吸引消费者，并且做到库存量充足、种类丰富、规格齐全。

（4）零售经营的模式多种多样

在零售行业更新换代极为迅速的今天，我国零售模式种类迎来集中大爆发，零售行业整体呈高速增长趋势，企业新产品、新模式、新场景等创新能力不断增强。党的二十大报告指出：“创新才能把握时代、引领时代。”零售商要想获取更多的客源，必须在品牌核心模式、营销手段、供应链等方面创新零售模式。

### 零售案例

2023 年底，Y 超市新成立了海外直采部门，以海外源头直采为主要模式，榴梿是海外直

采的第一品。

在海外直采模式下，2024年4月，Y超市海外直采部门直接深入越南、泰国当地的榴梿种植园，减少中间环节，缩短采购链条。同时，除了对榴梿进行分级，挑选出符合超市标准的榴梿，Y超市还开发出榴梿冻肉等产品，丰富了平台最小存货单位（SKU）。Y超市海外直采部负责人李先生说："通过开发不同产品，再次降低整体的成本，即供应链变革是实现降本增效的手段之一。"

低价的同时，消费者同样在意品质和服务。超市生鲜品控部门王经理表示，Y超市还推出相关保障措施，即进口金枕榴梿"保房"销售。2~4千克单个装每颗出肉保3~5房、4千克单个装每颗出肉保4~5房，未达到指定房数规格按比例退差价，避免"开盲盒"式的不确定性。

### 3. 零售的功能

零售处于交易运行的终点，具体体现着交易运行的目标。零售的特点决定了它具有以下的功能。

（1）促进流通，满足需要

商品只有从流通领域进入消费领域才能实现它的使用价值。在多数情况下，这需要通过零售交易来实现。零售直接面向最终消费者，通过商品销售，把商品送入消费者手中，不仅满足了社会生产和消费者生活的各种需要，而且为商品再生产提供了价值补偿和实物更新的条件，生产者创造的价值得以实现。

（2）服务消费，促进销售

消费者对商品和服务的需求是广泛的、多样的、复杂的，为了满足这些需求，零售不仅要提供丰富的商品以供消费者选择，还需要围绕商品提供各种服务，如信息服务、信用服务、售前咨询和售后服务等，并以所提供的各种服务为基础，扩大商品销售。在成熟的市场经济环境下，零售的服务功能更为重要。

（3）反馈信息，促进生产

零售直接面向最终消费者，能够及时、真实地反映消费者的意见及商品供求状况和价格变化情况，向生产者和批发业者提供市场信息，协助批发业者调整经营结构，促进生产者生产更多更好的、适销对路的商品。这既能更好地满足消费者需要，又能帮助生产企业扩大利润，促进经济高质量发展。

（4）形象展示，宣传品牌

从事零售工作的人员应具备商务礼仪、商品陈列、商品库存管理、商品推荐话术等方面的基本常识；零售商从店堂灯光、店内卫生、整体店容等方面着手，改善经营环境，这都优化了消费者的购物体验。同时，现代零售终端还具有更好的品牌推荐能力和商品管理能力，起到了品牌培育、提升作用，成为企业品牌培育资源投放的有效场所。

### 1.1.2 认识零售市场

#### 1. 零售商

零售商是指主要从事零售业务，将商品直接销售给最终消费者的中间商。

零售商是相对于生产者、代理商、批发商而言的，处于商品流通的最终阶段，零售商的终端位置如图 1-1 所示。

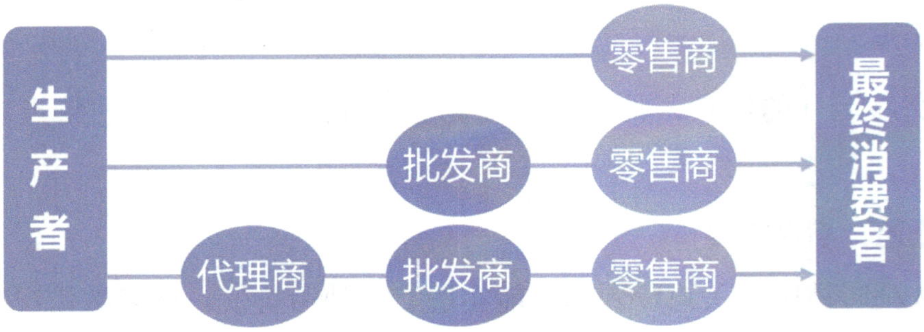


图 1-1 零售商的终端位置

零售商的基本任务是直接为最终消费者服务，它的职能包括购、销、调、存、加工、拆零、分包、传递信息、提供销售服务等。它又是连接生产者、批发商与消费者的桥梁，在分销渠道中发挥重要作用，在地点、时间与服务方面为消费者提供便利。零售商具有如下特征。

（1）面临激烈的市场竞争

与其他行业相比，零售商之间的竞争显得更为直接、激烈。为了适应消费者无计划的消费行为及零售市场的竞争，零售商千方百计地装饰销售现场及周边环境，加强商店整体设计和形象宣传。为了吸引并留住消费者，零售商不断调整特色定位，对商店位置、营业时间、商品结构、服务项目、广告宣传、促销手段等各种因素进行综合战略规划，实施差异化营销。

（2）提供终端服务

终端消费者具有每次购买数量少，且要求商品种类齐全的特点。为提供购买与消费的方便服务，零售商通常要多种类、小批量进货，以加速销售进程，提高资金的周转率。这就形成了零售商小批量进货、低库存和重视现场促销服务的经营特征。

（3）经营业态多元化

为解决消费者多样且多变的需求与零售经营规模、效益之间的矛盾，适应不同消费者群体的需要，零售业的经营业态呈现多元化特点。例如，商店就有百货商店、超级市场、专业商店、连锁商店、折扣商店、便利店和杂货店等各具特色的业态，而且在不断创新。

（4）经营范围本地化

与批发销售不同，零售商所服务的消费者主要是经营地点附近的居民和流动人口。因此，零售经营地点的选择（零售选点）就成为决定经营成败的一个关键因素。这是零售商经营的一个重要特征。

### 2. 零售服务商

面对不断增长的消费规模和多元化的消费需求，零售业迎来巨大的市场增量空间和全新的转型机遇。传统零售业发展到今天，最核心的变化是消费场景的变化。此外，涵盖的产品种类在变，提供的服务内容也在变。正所谓“以不变应万变”。对零售商来说，不变的是把握消费者痛点；而对零售服务商来说，不变的是把握零售商痛点。零售服务商思维的落地，也有助于零售商把握机遇。

（1）互联网服务

我国零售业的跨越式发展主要得益于改革开放后市场供给与需求的充分释放，以及来自信息技术、互联网技术应用的深刻影响。

## 零售资讯

### 技术赋能新零售

数字技术的迅猛发展为零售行业带来了前所未有的变革，成为行业发展的强大引擎。大数据分析技术在零售业中发挥着至关重要的作用，通过收集、分析海量的消费者数据，零售商能够更准确地了解消费者的行为和偏好，从而推荐个性化定制商品，优化价格策略，提升购物体验。此外，人工智能（AI）技术的应用使零售业迎来了智能化的时代。智能推荐系统、虚拟试衣间、AI 智能客服等技术带来了更高效、更个性化的购物体验，提高了零售商的服务水平。同时，人工智能技术也在供应链管理、库存优化等方面发挥关键作用，为零售企业提供了更灵活、更精细的运营管理方式。

随着物联网技术的不断成熟，零售业迎来了线上线下全面融合的时代。无人零售店、智能支付系统、智能物流等应用让消费者在不同场景中体验到数字技术带来的便捷和高效。这种全面连接为零售商提供了更多触点与消费者互动，增强了品牌与消费者之间的黏性。

总之，新技术的赋能使零售不仅更具竞争力，更为消费者创造了便捷、个性化的购物体验，开启了零售业的数字化、智能化新时代——新零售。

可以说，互联网技术和数字技术将零售行业推入了一个新的时代，线上线下一体化的经营方式已经普及，“智慧零售”形式的技术服务已经成为帮助传统零售商和品牌商构建全渠道能力、向消费者延伸服务的重要桥梁。国内很多零售商正在深入尝试数字化供应链服务平台，在数字化技术支持下的便利店、前置仓等业态蓬勃发展，零售行业内横向并购的规模也越来越大。

## 零售案例

### 传统零售经营管理方式的变革

随着数字化的深入，大量的零售商开始了经营、管理模式深度变革的进程。其中，不乏典型的案例。

作为传统生鲜和商超零售的代表，变革后的L商业集团拥有传统超市、全渠道生鲜电商（超级物种店）、前置仓等多种业态。850万名会员被视为企业核心资产，与生态伙伴合作的云计算中心足以支撑贯穿前后台的庞大业务。

在L商业集团超级物种店内，随处可见的“扫码购”及“桌边点餐”等功能，将消费者、商品、商家及购物车和相关的服务信息形成关联。在超级物种店内，硬件设施、灯光氛围、货架展示、商品组合、服务等各个方面都完成了数字化的改造，小程序、扫码购、人脸支付、电子价签等已经成为标配。与技术能力跃升相配套的是管理流程的优化和管理方式的转变，L商业集团对商品进行“进、销、存、出”的全链条数字化追踪，数据的沉淀、挖掘与应用，正在形成生产力。

与此同时，在数字化转型的过程中，伴随经营、考核方式的调整，L商业集团推出涉及全员的合伙人机制，包括新入职的员工也是合伙人。在该机制中，以小组的形式通过管理经验的分享和学习，实现全员的快速成长，激励创新合力的打造。

（2）金融服务

随着全球范围内金融科技的快速发展，越来越多的行业开始借助金融科技的力量来提升业务水平和竞争力。其中，零售业是最受益的行业之一。

电子支付是数字化时代金融领域的重要创新，它们代表金融行业在数字化时代进行的一场革命。相比于传统的支付方式，电子支付具有方便、快捷、安全等优势。零售业也开始重视这种新型支付方式，大部分零售门店都支持了电子支付方式。此外，电子支付也能为消费者带来更多的优惠、活动等福利。

电子支付已经在我国得到了广泛的应用。尤其是在快递行业的“送货上门”场景中，电子支付的使用率更是高达 90%以上。这不仅方便了购物者，同时也提高了门店收款的效率，能够迅速将货款收入到账。

随着互联网技术的迅猛发展，互联网银行以其便捷、高效的特点改变了传统银行业务的模式，通过线上渠道提供各种金融服务，包括账户管理、支付结算、贷款、理财等。互联网银行给零售业带来的益处有以下几个方面。

①便利性：零售商和消费者可以通过互联网银行随时随地进行银行业务操作，不再受时间和空间限制。

②快捷性：互联网银行的操作速度通常很快，零售商和消费者可以迅速完成转账、支付等业务，大大提高了金融交易的效率。

③个性化服务：互联网银行可以根据零售商和消费者的需求与偏好提供个性化的金融产品及服务，满足他们多样化的需求。

④降低成本：互联网银行相对于传统银行具有更低的运营成本，可以为零售商和消费者提供更具竞争力的金融产品和服务。

### 零售资讯

为提振消费，国家金融监管总局引导银行加大消费服务行业信贷投放。截至 2023 年 6 月末，批发零售业、住宿餐饮业、租赁和商务服务业、文化体育和娱乐业贷款余额同比分别增长 16.5%、10.8%、16.9%、7.7%，有力推动相关领域消费复苏。为加强对重点领域的金融支持，国家金融监管总局鼓励银行保险机构规范发展消费金融产品和服务，推动银行机构深耕消费金融细分市场，开发多元化消费场景，提升零售服务质量，满足居民合理消费信贷需求。

总之，金融科技对零售业的影响正在不断地扩大。在未来的发展中，金融科技将会在零售业中扮演越来越重要的角色，不断为人们创造更便捷、更安全、更高效的购物体验。

（3）物流配送服务

无论零售经营模式如何创新和变化，都离不开物流配送的支持。物流配送中心是零售商品供应链的核心节点，物流配送中心的运营模式及运营效率，对整体供应链成本至关重要。可以说，物流配送是零售经营的重要保证，关系到零售商能否获得规模效益，以及能否为供应链企业带来增值。

随着零售业态的创新，物流配送中心的运营模式也要进行变革。为了给零售商提供一站式集约化服务，且提高运输效率、降低物流成本，物流配送中心往往把分散式的品类配送中心转变为集约式的综合配送中心。此外，为减少物流供应链各环节的资源损耗，缓解社会交通运输压力，众多零售商通过联合建设物流配送中心，构建共同配送模式，实现资源的高效共享。

（4）大数据分析与人工智能

大数据技术的应用可以让零售商更好地了解消费者的需求和喜好，为消费者创造个性化的购物体验。通过对数据的分析，零售商可以了解到哪些商品受到消费者的青睐、哪些商品不受欢迎等，从而实时更新产品线和对门店进行运营调整。另外，消费者的浏览记录、购买记录等都可以被记录下来，数据分析也能够迅速了解并推送相关商品、促销活动、赠品等。通过这样的方式，零售商积极采取措施，能够直接提升消费者购买的可能性。

人工智能技术将会给零售业带来革命性的变化。使用人工智能技术的智能语音助手，可以为消费者提供全天候的购物咨询，如商品价格、促销活动等。通过语音助手的智能回答，提高消费者对门店的信任度、满意度。

此外，人工智能技术还可以辅助门店管理人员进行自动化的库存管理、供应链管理等工作。通过对门店的运作进行科学的规划和管理，提升门店经济效益。

## 零售案例

### 数字零售新场景

面对大数据和人工智能技术的迅猛发展，G 公司以破釜沉舟的勇气和自我革新的担当，积极探索实体零售企业创新发展的道路，紧紧把握 5G、云计算、大数据、人工智能等新技术发展的新形势和新机遇，在数字零售新场景项目中深度应用，努力实现企业可持续发展。

G 公司根据各种特殊场景，及时衍生搭建“物资供应专场”“企业购”等移动端商城小程序，提供包括微信收款码等在内的“无接触式”销售方式，同时部署云端订单自动打印机为该销售方式提供支持。并有效利用原有的线上交易综合平台，积极借助数字化、自动化的技术力量，提升线上服务质量，应对实体店销售下滑的挑战。火速行动，急民所急，利用大数据、云计算、人工智能等新一代信息技术再一次加速与零售领域深度融合，为民生保障提供有力支撑。

G 公司还通过商品数字化平台完成了商品的大数据数字化转型。专柜人员通过 PC 端、小程序、专柜 POS 机等界面操作对联营专柜商品进行进销存管理，同时财务数据也都被集中体现，方便门店及商场通过共享数据开展日常监督管理，通过数字化商品、数字化服务、数字化进销存等方面的提升，打造完善的数字化经营模式和专柜商品体系，为网上商城、直播小程序、微信商城等新一代信息化、数字化渠道模式提供商业大数据。

# 任务 2　认识零售业的发展演变

## 1.2.1　零售业发展历程

改革开放以来，我国零售业经历了具有跨越性和巨变性的发展过程，无论是行业规模、发展速度，还是组织业态创新、现代化水平提升，以及对国民经济贡献等方面，都产生了深刻变化。

### 1. 初步发展期（1978—1990 年）

随着我国对外开放，由计划经济体制转变为市场经济体制，国家不再抑制物料生产和销售，而是借助投资和扩大内需来拉动经济增长。在这一时期，市场需求旺盛，但产能低下，因此，此时的国内零售处于初步发展期，其业态形式主要表现为百货商店、杂货铺等。这段时期，社会零售总额的年均增长率为 14.96%，这也是我国零售业破立尝试最丰富的阶段。

### 2. 高速增长期（1991—1998 年）

这一阶段，社会零售总额的年均增长率为 21.99%。各种新业态、新业种层出不穷，连锁、合资、加盟等业态热点开始出现。

20 世纪 90 年代初期，我国社会主义市场经济主体地位逐步确立，国家开始鼓励创办零售企业。1991 年，首家以连锁经营为特色的上海联华超市股份有限公司创办，标志着我国零售业进入新的发展时期。国营百货连锁企业逐步开展商超业务，民营企业纷纷入局，商超行业由此开启了“黄金时代”。

### 3. 趋势性增长期（1999—2008 年）

这一阶段，社会零售总额的年均增长率为 13.15%。开店扩张、源头采购成为主题，以 2001 年 12 月中国加入 WTO 为窗口期，以国有力量和外资主导的零售业全面发展，本土企业在学习及人才流动中积蓄能量，尤其是以互联网和移动互联网为基石的零售革命，快速走过萌芽期和发展期，成为令全世界瞩目的力量。

### 4. 转型变革期（2009—2016 年）

这一阶段，社会零售总额的年均增长率为 13.76%。它是中国零售的变革期，一是传统零售的本土企业不断起势，有超越外资企业之势；二是电商特别是移动电商进入纵深发展阶段，并且以席卷之势影响着中国的各行各业。此阶段零售业经历着增幅回落，面临转型变革。

#### 5. 新零售升级改造期（2017 年至今）

这一阶段，社会零售总额的年均增长率为 7.90%。零售业通过运用大数据、人工智能等技术手段，对商品的生产、流通和销售过程进行升级改造，并与线上服务、线下体验及现代物流进行深度融合。

统计数据显示，2016 年全国有近 1 000 家大型购物中心、5 万家超市便利店、55 万家餐厅参加了“双 12”活动。2017 年作为中国线上线下融合实践年，在消费升级及数据驱动的大背景下，推动了线下零售业的新一轮变革，线上线下融合发展的理念得到了业内的认可。

数字化成为基础“设施”，融合成为基本“认知”，这一过程还在持续，因为庞大的存量换装还需要一个资金投入和成本消化的过程，线上线下不再是平行的两条线，而是融为一体。新零售推动实体门店体验再升级。线上品牌将逐渐布局线下渠道，实现线上线下全渠道资源共享。数字世界和物理世界融为一体，过去处在突出地位的消费数字化成为发展的手段。消费者不再受区域、时段和店面等因素限制，零售业终将发展成面向线上线下消费群体，提供全渠道、全品类、全时段、全体验的新型零售模式。

### 1.2.2 零售业发展现状

#### 1. 零售业规模持续增长

长期以来，我国零售业持续发挥促进消费升级、推动经济高质量发展的重要作用。伴随着我国经济不断发展、城市化进程持续推进、居民收入不断提高、消费持续升级以及政府鼓励消费政策的实施，我国零售业市场规模持续增长。

#### 零售资讯

商务部发布消息称，2024 年前两个月社会消费品零售总额为 8.1 万亿元，同比增长 5.5%。从结构看，商品消费稳步增长。16 类限额以上单位商品零售中，有 14 类实现正增长，比 2023 年 12 月增加 3 类，其中通信器材类、汽车类零售额分别增长 16.2%、8.7%。服务消费潜力释放，服务零售额增长 12.3%，其中餐饮收入增长 12.5%。特别是春节期间人气足、消费旺，国内游客出游总花费按可比口径比 2019 年增长 7.7%，电影票房创历年春节档新高。线上消费增势良好，前两个月全国网上零售额增长 15.3%，其中实物商品网上零售额增长 14.4%，占社会消费品零售总额比重达到 22.4%。线下消费活力提升，23 条全国试点步行街客流量、营业额分别增长 16.0%、7.0%。限额以上专业店、便利店零售额分别增长 7.8%、5.8%。

### 2. 零售业竞争加剧

伴随零售业规模的不断扩大，竞争也越来越激烈。传统的实体店面对电商平台的冲击，使其不得不持续创新，寻找新的发展方向。同时，电商企业也在加快布局线下市场，纷纷试水线上线下融合发展。

### 3. 新零售门店快速崛起

随着线上线下数据的贯通，新零售门店通过高效的配送服务，将互联网公司的线上数字化运营能力传导到线下。新零售门店通过线上数字化营销方式在消费者到店之前完成消费需求洞察，并依托自己线下配送物流网络快速高效地将商品送至消费者手中，实现了有效的流量前置拦截。通过这种方式，新零售门店快速抢占了部分传统零售门店的客流。

### 4. 无人零售模式快速发展

2017 年，无人零售模式风口盛行，无人货架、无人便利柜和无人超市三种形态遍地开花。经过几年的发展，无人零售模式逐步摸索出较为适应目前中国零售业态的业务模式。但是无人零售模式在物品识别及配送成本运营方面的痛点依旧突出，需要运营商对于无人零售模式特定场景下的需求持续改进。

### 5. 小微型和社区类零售业态兴起

当前，中国正在经历人口及家庭结构变化，老龄化趋势和家庭小型化趋势越发明显，1 人及 2 人的微型家庭数量迅速增加。家庭小型化趋势使消费者在生活必需品购物方式上从低频大量购入转变成少量多次购入，小型和社区型便利店业态为消费者提供“最后一公里”的消费便利，因此大型商超业态逐渐被小微型和社区类便利店业态挤压。

## 1.2.3 零售业未来发展趋势

### 1. 即时零售悄然兴起

商务部发布的《2022 年上半年中国网络零售市场发展报告》中首次提及“即时零售”，并肯定了即时零售作为新零售业态的代表在线上线下深度融合中发挥的作用。

所谓即时零售，即新零售模式的演进与创新，是指消费者在线上交易平台下单，线下实体零售商接单，并通过第三方或自有物流配送运力提供商品与服务的上门送达服务，送达时效一般控制在 30～60 分钟。与传统电商零售相比，即时零售将快递时间从 4～5 天压缩到了最多只需 1 小时。之所以能够做到如此快捷，核心就是倚重本地实体门店，其中既有商超百货、品牌连锁店和便利店，也有闪电仓、前置仓等本地仓储，同时，作为连接实体门店和消费者中间环节的开放平台也发挥了重要作用。可以说，正是平台的超级算力、完备运力及智能化解决方案的输出让即时配送成为可能，形象地说就是打通了城市物流配送的“最后一百米”。

### 2. 线上线下从并行到融合

随着消费者需求的不断升级和线上零售市场的快速发展，线上线下融合已经成为零售业的趋势。未来，线上线下融合将更加紧密，消费者可以通过线上购物平台获取商品信息、在线下实体门店购买商品、在物流配送方面实现线上线下一体化。这将有助于优化零售业的供应链和物流体系，提高服务质量和效率。

在消费能力不断提升、消费规模不断扩大、消费需求不断拓展的驱动下，线上线下零售企业破除思维定式加速融合，积极拓展探索尝试，串联起各自优势形成无障碍交易，向消费者提供更好的服务和互动。许多线下超市、便利店入驻线上配送体系，企业门店同时作为线上企业配送前置仓，为更多消费者提供更舒适的线上线下购物体验。不少“老字号”也借助新技术和新平台积极转型，焕发生机。例如，天猫推出“老字号集合店”，京东超市成立“中华老字号互联网无界零售联盟”，帮助“老字号”拓展销售渠道，增强进入全球市场的能力。

### 3. 科技、时尚、文化与生活方式相融合

一是零售企业利用数字标牌、电子试衣间、智能定位、自助终端和 VR 展示等一系列智能应用，带给消费者智能化和场景化的购物新体验。

二是产品功能将保持快速迭代，接触最新科技含量高的产品成为消费者获取知识、彰显个性的新途径。

三是零售品牌将更清晰地向消费者传达品牌文化及品牌定位，商品陈列以展示生活方式为目的，单个门店中的商品品类更加丰富，以满足消费者的不同需求。

四是高品质商品、服务与文化相融合。我国正从世界工厂转型为世界市场，零售市场仍具有较大增长潜力。商品质量是企业赖以生存的基础，确保商品质量过硬是企业文化的本质内涵。因此，良好的商品质量是优秀企业文化的物化表现，是企业文化的载体，是建设企业文化的基础和支点，而企业文化则是商品质量稳定可靠的保障。二者相辅相成，是企业在竞争中取得持续发展和竞争能力的核心要素。

### 4. 多种业态将呈聚合式、生态化、社交化发展

未来的新零售电商平台建设将继续朝着聚合式、生态化的方向发展：围绕社区消费需求，围绕服务消费需求，围绕零售巨头的业务需求，金融、物流、咨询等一批功能更加细分、专业性更强的生产服务型企业将呈生态化发展，提高大型零售企业的经营效率，提升居民消费质量。

信息时代，商家和消费者所掌握的信息差距逐步缩小，以广告为主的单向传播方式效果不断衰减，口碑、信任成为零售品牌得到消费者认可的重要因素。因此，零售企业应利用主流社交平台不断提高自身的社交属性，通过与消费者保持高频次的互动，构建消费圈。

### 5. 数据驱动商业模式

未来，零售业将更加注重数据的应用和分析，采用数据驱动商业模式，通过大数据、人工智能等技术手段，实现精准营销、个性化服务、精细化管理等目标。数据驱动的商业模式将成为未来零售业的重要竞争力。

总的来说，中国零售业正处于快速发展的阶段，未来仍将面临诸多机遇和挑战。随着消费者需求的不断升级和科技的不断进步，未来零售业将更加注重创新和服务质量，采用更加智能化、可持续化的商业模式，为消费者提供更加便捷、高品质、绿色可持续的消费体验。未来，我国的品牌零售企业需抓住国内市场的发展机遇，从三个方面树立消费者对本土品牌、本土零售企业的信心：一是坚定文化自信，深耕国内市场，创新出更多具有中国传统文化、符合中国人消费习惯的商品、服务和业态；二是净化市场环境，构建诚信零售体系，生产企业要提供信得过的产品，零售企业应本着诚信经营的原则，公平对待消费者和供应商；三是回归工匠精神，重视国内消费者的实际需求，研究消费升级特点，为消费品市场提供更多高质量、高性价比、高体验型的商品和服务。

## 项目小结

零售是指直接将商品或服务销售给最终消费者，以供其最终消费的商业活动，是商品或服务从流通领域进入消费领域的最后环节。零售业既是一个国家最传统的行业之一，也是一个国家最重要的行业之一，是公认的基础产业和支柱产业，是一个国家和地区的主要就业渠道，是经济的“晴雨表”。

近几年，全球零售业正经历着一场前所未有的大变革，零售业态的生命周期正在逐步缩短，移动互联网的深度覆盖、支付手段的完善、物流效率的提升、大数据的处理能力，让新

一轮以社区为基础的零售改革悄然拉开了帷幕。

我国零售业历经几十年发展，连接优质商品的生产者和消费者，仍是我们的初心，也是中国零售必将走向未来的方向。零售业充满活力、机遇和挑战，零售业大有可为。在中华民族伟大复兴的征程上，零售行业必将焕发新的荣耀，这也是同学们在新时代的使命和担当。

## 项目测试

### 一、单项选择题

1．关于零售，下列说法错误的是（　　）。

A．零售是将商品或服务提供给消费者作为最终消费之用，而非转售或加工

B．零售不仅向最终消费者出售商品，也包括出售相关服务

C．零售的对象仅限于个体，不包括非生产性购买的集团或组织

D．交易规模小，交易次数频繁

2．零售直接面向最终消费者，通过商品销售，把商品送入消费者手中，进而满足消费者的个人需求。这体现了零售的（　　）。

A．促进流通，满足需要功能　　B．服务消费，促进销售功能

C．反馈信息，促进生产功能　　D．形象展示，宣传品牌功能

3．零售的对象是（　　）。

A．批发商　　B．代理商

C．生产者　　D．最终消费者

4．主要从事零售业务，将商品直接销售给最终消费者的中间商是（　　）。

A．批发商　　B．代理商

C．零售商　　D．消费者

5．（　　）形式的技术服务已经成为帮助传统零售企业和品牌商构建全渠道能力、向消费者延伸服务的重要桥梁。

A．传统零售　　B．智慧零售

C．传统批发　　D．智慧批发

6．零售的功能不包括下列选项中的（　　）。

A．满足需要功能　　B．促进销售功能

C．物流配送功能　　D．培养品牌功能

7. 关于即时零售，下列说法错误的是（　　）。

A. 消费者在线上交易平台下单，线下实体零售商接单

B. 通过第三方或自有物流配送运力提供商品与服务的上门送达服务

C. 送达时效一般控制在30～60分钟

D. 大多数即时零售都发生在无人便利店内

8. 许多线下超市、便利店入驻线上配送体系，企业门店同时作为线上企业配送前置仓，为更多消费者提供更舒适的线上线下购物体验。这体现了零售业的哪种发展趋势？（　　）

A. 科技、时尚、文化与生活方式相融合

B. 线上线下从并行到融合

C. 多种业态将呈聚合式、生态化、社交化发展

D. 数据驱动商业模式

## 二、简答题

1. 零售的特点表现在哪些方面？
2. 零售商具有哪些特征？
3. 请简述我国零售业的发展现状。
4. 请简述我国零售业的未来发展趋势。

项目 2

# 认识零售消费者

在零售活动中，尽管消费者的购买行为千差万别，但消费者各种各样的心理现象都是建立在其心理活动过程基础上的，受其心理活动的支配和制约。本项目旨在研究消费者在购买行为中的心理活动，通过分析零售活动中消费者的心理特征和购买行为，更好地开展零售经营业务。

## 学习目标

### 素质目标

1. 培养学生在零售过程中诚信经营的意识、经世济民的职业素养。
2. 树立创新、专注的服务意识和社会责任感，遵守职业道德和行为规范。

### 知识目标

1. 了解消费者需求的特征。
2. 熟悉消费者个性、兴趣、气质等。
3. 理解购买动机的特点、类型。
4. 掌握购买决策的内容、特点及过程。
5. 掌握售前、售中、售后过程中的营销策略。

### 能力目标

1. 能够在零售过程中进行消费者心理分析。
2. 能够在零售过程中采用合适的营销策略。

## 案例导入

### 北京冬奥会 中国品牌安踏与奥运健儿齐飞

在如火如荼的北京冬奥会上，中国运动健儿的表现让人惊喜不断，而在场下，“夺冠”的不仅是中国奥运健儿，还有中国体育用品行业。

夺冠辉煌时刻，也是安踏品牌的高光时刻。中国健儿创造历史的节点，伴随国人的欢呼喝彩，安踏的品牌美誉度也得到提升。冬奥会期间，安踏微信指数一直处于历史高位。在本届冬奥会上，作为中国 12 支运动队专业竞赛设备的提供方，安踏用“黑科技”助力中国运动健儿创造历史时刻。钢架雪车银牌获得者闫文港所穿的钢架雪车鞋正是由安踏打造的，安踏首创智能模拟仿真设计，以行业独创的导流板和翼型降阻设计使整体鞋身降低 10%风阻，在起跑推进阶段速度平均提高 0.023 秒，最高提升 0.054 秒。

“爱运动，中国有安踏”是安踏品牌的口号，在多个网络平台上，谷爱凌身穿的安踏“冠军龙服”登上热搜，不少网友“求同款”；任子威短道速滑夺冠身穿的高科技服装，因其全维度防止冰刀割伤的功能，得到一致好评；开幕仪式上，国际奥林匹克委员会主席巴赫身穿的官方制服、志愿者身穿的制服等，也让不少国人涌进安踏直播间、旗舰店等渠道“喊话”，希望这些服装面市。安踏服饰展示，如图 2-1 所示。

图 2-1 安踏服饰展示

在赛场外，安踏还携手网络购物平台共同推出“冰雪灵境”互动空间，为深度参与互动的消费者提供冬奥数字藏品。在线下，安踏冠军店、安踏快闪店、安踏 982 创动空间等也共同开启北京冬奥冰雪的互动营销。安踏方面表示，希望与消费者建立“品牌共鸣”的深度连接，助力安踏形成良性的品牌科技价值循环，让安踏获得更强有力的资源去继续推进高科技研发，代表中国运动品牌保持全球运动装备中的领先地位。

想一想

1. 安踏运动产品为什么深受消费者的喜爱?
2. 分析消费者购买安踏运动产品的动机。

# 任务 1　分析消费者心理特征

## 2.1.1　洞察消费者需求

消费者心理是指消费者在购买商品过程中的一种思维活动。消费者心理是复杂多变的，从商品选购到商品消费，消费者的心理变化一般分为六个阶段，即认识阶段、知识阶段、评定阶段、信任阶段、行动阶段、体验阶段；也可以把它概括为三种不同的心理过程，即认识过程、情绪过程和意志过程，三个过程相互依赖和促进，能够激发人们进行一定的消费活动。消费者心理依存于客观现实，并受大脑神经活动的特点所制约。但是，在消费动机、兴趣、情绪和意志等方面，消费者心理更多地包含着消费者本身的需求。

心理学认为，人的行为是受其心理活动支配的，不同的心理活动可能产生不同的行为。消费者也同样如此，在各种各样的营销活动中，消费者产生的一系列心理活动，不仅体现了人们从事各种活动的一般心理现象，同时也表现出人们在购买商品时独特的心理特征。要研究消费者各种不同的购买行为，揭示其规律，更好地开展市场销售活动，就必须运用心理学的基本理论对消费者的各种心理现象进行考察，揭示出消费者心理活动的共同性、差异性和规律性，并在此基础上，有目的地刺激消费者的购买行为，有针对性地提供各种恰当的服务。

### 1. 消费者需求概念

消费者需求（Consumer Demand）是在一定的社会经济条件下，人们为了满足物质和文化生活的需求而对物质产品及服务具有货币支付能力的欲望和购买能力的总和。

消费者需求包含在人类一般需求中，通常以对商品的愿望、意向、兴趣、理想等形式表现出来。经济学中的消费需求指的是在一定时间内有支付能力的市场需求。就消费者个体而言，消费需求反映了消费者某种生理或心理体验的缺乏状态，并直接表现为消费者对获取以商品或劳务形式存在的消费对象的需求和欲望。

### 2. 消费者需求的特征

消费者由于不同的主观原因和客观条件，对商品或服务有不同的需求，而且这些需求随着人们物质生活水平的不断提高而日益多样化。但是，无论消费者需求如何纷繁复杂、千变万化，仍会具有某些共同的特性和规律性。具体表现为以下五点。

（1）需求的差异性和多样性

由于不同的消费者在年龄、性别、民族、职业、文化水平、经济条件、宗教信仰和个性习惯等方面的主客观条件千差万别，由此形成多种多样的消费需求差异。

①对同一类商品的多种需求。人们往往要求某一商品除了具备某种基本的功能，还要兼有其他的附属功能。例如，手机除了通话、短信等基本功能，人们对其外观、影音、拍照等需求也越来越高。

②对不同商品的多种需求。伴随着生活水平的日益提高，消费者可能同时会产生购买手机、平板电脑，甚至外出旅游等需求。

③显现的需求和潜在的需求同时存在于同一消费者身上。由于潜在需求的不确定性，消费者需求的多样性范围进一步扩大。

（2）需求的层次性和发展性

消费者需求可以按照不同的方法，划分成若干个高低不同的层次。例如，充饥、御寒属于较低层次的需求，受人尊重、实现自我价值属于较高层次的需求。通常消费者先要满足低层次的需求，在低层次需求满足的基础上才会产生更高层次的需求。就发展而言，社会经济文化的发展不断创造新的消费对象，新的、更高层次的消费又反过来促进社会经济文化的发展。消费者需求的发展性在市场上主要表现为消费数量的增多和消费质量的提高。又如，手表开始只为计时，所以只有时、分、秒。后来为满足消费者计日的需求，于是研制出带日期、星期的手表。为解决上发条麻烦的问题，又生产出全自动机械表、电子表。同时考虑消费者心理需求，又在手表的规格款式上不断推陈出新。

（3）需求的伸缩性和周期性

伸缩性又称需求弹性，是指消费者对某种商品的需求会因某些因素的影响而发生一定限度的变化。消费者需求受到消费者自身条件和外部环境的制约。

自身条件主要指消费者对需求欲望的程度和货币支付能力；外部环境包括企业所提供的商品、广告宣传、销售服务等。二者都会促进或抑制消费者的需求。同时，不同的商品对消费者生活的影响程度不同，消费者需求的伸缩性也不一样。消费者日常生活中不可缺少的生活必需品，如粮食、食盐、肥皂等基本生活用品，消费需求的伸缩性就小；而属于满足享受需求的用品，如高档服装、高档化妆品、耐用消费品等，其消费需求的伸缩性就大。

消费者需求还具有周期性的特点，一些需求得到满足后，在一定时期内不再产生，但随着时间的推移还会重新出现。例如，许多季节性商品、节日礼品等。人们对许多商品的需求，都具有周期性重复出现的特点，只不过循环的周期长短不同而已。

（4）需求的关联性和替代性

消费者的需求多种多样，各种消费需求之间往往具有一定的关联性。消费者为满足需求，在购买某一商品时往往会顺便购买相关的商品，如购买衣服时，可能会顺便购买包、鞋袜、腰带等配饰。因此，企业在确定商品的范围和结构时应充分考虑消费需求的关联性，甚至店址的选择都要考虑毗邻商店的经营品种和服务项目。不仅如此，消费者需求还具有相互替代性，在某些情况下，可能出现某种商品销量增长导致另一种商品销量减少的现象。例如，消费者对洗衣液的需求增加，对洗衣粉的需求相对减少；对空调的需求增加，对电风扇的需求相对减少等。

（5）需求的可变性和可影响性

消费者需求不是一成不变的，无论何种内容、层次的需求都会因客观环境的变化而发生改变。社会政治经济的变革、生活工作环境的变迁、企业广告宣传和经营战略的调整等，都有可能影响消费者的需求发生变化和转移，使此种需求变成彼种需求，使潜在的需求变成显现的需求，使微弱的需求变成强烈的需求。由此可见，消费者需求具有影响性，即可人为地、有意识地给予外部诱因或改变环境状况影响和引导消费需求按照预期的目标发生变化和转移。实践中，很多企业正是利用消费需求的这一特点，开展广告宣传、倡导消费时尚、创造示范效应、施予优惠刺激等，来有效地影响消费者形成、改变或发展某种需求。

### 3. 消费者需求的分类

消费者的需求既是主观欲望的反映，也是客观现实的反映。由于消费者的主观认知和客观环境十分复杂，所以消费者需求也是多种多样的。按照不同的标准，对消费者需求的划分也有不同的分类。不同学者对消费者需求的分类，如表 2-1 所示。

表 2-1 不同学者对消费者需求的分类

| 划分方法 | 代表者 | 分类标准 | 分类 |
|---|---|---|---|
| 两分法 | 传统的观点 | 按照需求的起源 | 生理性需求、社会性需求 |
| | | 按照需求的对象 | 物质需求、精神需求 |
| 三分法 | 恩格斯 | 按照需求的生活形式 | 生存需求、享受需求、发展需求 |
| 五分法 | 马斯洛 | 按照需求的层次 | 生理需求、安全需求、社会需求、尊重需求、自我实现需求 |

（1）按照需求的起源分类

①生理性需求是指消费者为维持和发展个体生命而产生的对客观事物的需求和欲望，如饮食、睡眠、休息、运动、避暑、御寒等。这种需求是人作为有机体与生俱来的，由消费者的生理特性决定的。

②社会性需求是指消费者在社会环境的影响下所形成的带有人类社会特点的某些需求，如社会交往的需求、对荣誉的需求、被尊重的需求、表现自我的需求等。这些需求是人作为社会成员在后天的社会生活学习中习得的，是由消费者的心理特性决定的。

（2）按照需求的对象分类

①物质需求是指消费者对以物质形态存在的、具体有形的商品的需求。这种需求反映了消费者在生物属性上的欲求，又可以进一步作低级和高级之分。低级的物质需求是指维持生命所必需的基本对象，高级的物质需求是指人们对高级生活用品，如家用电器、高档服装、美容用品、健身器材等，以及用于从事劳动的物质对象，如劳动工具的需求。

②精神需求是指消费者对于意识观念的对象或精神产品的需求。这种需求反映了消费者在社会属性上的欲求，具体表现为对艺术、知识、美、认识和追求真理、满足兴趣爱好及友情、亲情等方面的需求。

（3）按照需求的生活形式分类

①生存需求包括对基本的物质生活资料、休息、健康、安全的需求。满足这类需求的目的，是使消费者的生命存在得以维持和延续。

②享受需求表现为要求吃好、穿美、住得舒适、用得奢华，有丰富的消遣娱乐生活。这类需求的满足，可以使消费者在生理和心理上获得最大限度的享受。

③发展需求体现为要求学习文化知识，增进智力和体力，提高个人修养，掌握专门技能，在某一领域取得突出成就等。这类需求的满足，可以使消费者的潜能得到充分释放，人格得到高度发展。

（4）按照需求的层次分类

马斯洛于 1943 年和 1954 年先后发表了《人类动机的理论》《动机与人格》等著作，提出了著名的“需求层次理论”。按马斯洛的理论，个体成长发展的内在力量是动机，而动机是由多种不同性质的需求所组成，各种需求之间，有先后顺序与高低层次之分；每一层次的需求与满足，将决定个体人格发展的境界或程度。马斯洛需求层次理论示意图，如图 2-2 所示。

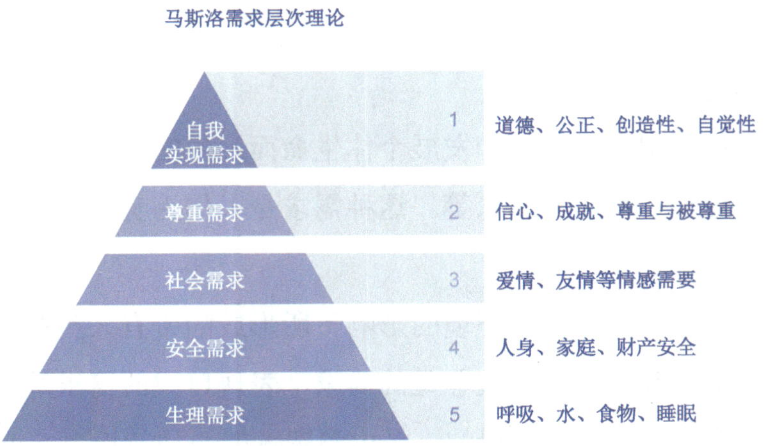


图 2-2　马斯洛需求层次理论示意图

①生理需求是指个体为维持生存和发展对基本生活资料的需求，也是人们最原始、最基本的需求，如吃饭、穿衣、住宅、医疗等。若不满足，则有生命危险。

②安全需求是指人们希望保护自己的肌体和精神不受伤害的需求，包括劳动安全、生活稳定、有良好的医疗保健、希望免于灾难、希望未来有保障等。安全需求比生理需求高一级，当生理需求得到满足以后就要保障这种需求。

③社会需求是指个人渴望得到家庭、朋友、同事的关怀、爱护和理解，是对友情、信任、温暖、爱情的需求。它比生理和安全需求更细微、更难捉摸。它与个人性格、经历、生活区域、民族、生活习惯、宗教信仰等都有关系，这种需求是难以察觉、无法度量的。

④尊重需求包括自我尊重和受人尊重两方面的要求，具体表现为渴望实力、成就、独立与自由，渴望名誉与声望，期望受到别人的赏识和高度评价等。尊重的需求很少能够得到完全的满足，基本满足就可产生推动力。

⑤自我实现需求是最高级的需求，指人们希望发挥自己的特长和潜能，实现对理想、信念、抱负的追求，取得事业的成功，使自我价值得到充分实现。这也是一种创造的需求，有自我实现需求的人，在竭尽所能，使自己趋于完美。自我实现意味着充分地、活跃地、忘我地、全神贯注地体验生活。

## 2.1.2　进行消费者心理分析

在日常生活中，不同消费者有不同的心理和行为差异，在购买过程中，消费者的目光、挑选商品的风格、决策速度的快慢等都各不相同。在心理学上，把个体身上经常表现出来的心理特点的总和，称为个性。同时，消费者作为社会成员之一，必然生活在一定的社会环境中，其购买行为不可避免地要受其所处社会环境和各种群体关系的制约和影响。

### 1. 消费者个性心理

（1）个性的心理结构

个性又称个性心理，是一种区别于他人的、在不同环境中显现出来的、相对稳定的、影响人的外显性和内隐性行为模式的心理特征的总和。个性心理可划分为既相互联系又有区别的两个系统，即个性倾向性（动力结构）和个性心理特征（特征结构）。

①个性倾向性

个性倾向性是个性中的动力结构，是个性结构中最活跃的因素，是决定社会个体发展方向的潜在力量，是人们进行活动的基本动力，也是个性结构中的核心因素。它主要包括需要、动机、兴趣、理想、信念与世界观、自我意识等心理成分。在个性倾向性中，需求是个性的源泉；信念、世界观居最高层次，决定着一个人总的思想倾向；自我意识对人的个性发展具有重要的调节作用。

②个性心理特征

个性心理特征是个性中的特征结构，是个体心理差异性的集中表征。它表明一个人的典型心理活动和行为，包括能力、气质和性格。个性倾向性和个性心理特征相互联系、相互制约，从而构成了一个有机的整体。

个性对心理活动有积极的引导作用，使心理活动有目的、有选择地对客观现实进行反映。个性差异通常是指人们在个性倾向性和个性心理特征方面的差异。

（2）个性在消费中的作用

研究消费者不同的心理活动特点，能更好地开展营销活动，有目的地刺激和影响消费者的购买行为，有针对性地提供各种恰当的服务，解决消费者在购买活动中的各种问题，更好地推销商品，提高消费者对商品的满意程度。

①消费者个性的差异性决定需求的多样性

消费者的个人特点和相互差异，形成消费者不同的购买动机、购买方式和购买习惯，使其购买行为复杂多样。有的人对商品有浓重的怀旧心理，对日新月异的新产品难以接受；有的人对新潮流跃跃欲试，对新产品总是先人一步，抢先消费，甚至超前消费；有的人为了攒钱，衣食住行消费处在最低生活水准；有的人则能科学地适度消费。消费者需求的多样性是进行市场细分和选择目标市场的基础。

②消费者个性的稳定性决定需求的稳定性

消费者个性的稳定性决定消费者对某些商品和服务的需求在一定时间内的依恋、忠诚，有些消费者甚至一生不变其钟爱。例如，某运动员几十年来钟爱一个运动品牌，某女士选购化妆品品牌非常专一，如图 2-3 所示。这就告诉我们，要认真培育市场，有目的、有计划、有地域性地供应商品，更好地满足消费者稳定性的需要。

图 2-3　某女士选购化妆品品牌

③消费者个性的可塑性决定需求的可影响性

消费者的需求可以通过环境、外部诱因、主观认识的改变来引导、影响其发生变化和转移。消费者需求的可影响性，为企业提供了巨大的市场潜力和市场机会，企业通过卓有成效的市场营销策略、营销活动，将无需求转化为有需求，潜在需求转化为现实需求，未来需求转化为近期的购买行为，从而使企业由被动地适应、迎合消费者的需求，转化为积极地引导、激发和创造消费者的需求。

④消费者个性的独特性决定需求的发展性

按照马斯洛的需求层次理论，消费者的需求不是一成不变的，随着社会经济发展和人民生活水平的不断提高，人们对商品和服务的需求从数量、质量等方面都提出了新的要求，一种需要满足了，又会产生新的需要。消费需求总是由简单向复杂、由低档向高档、由大众化向个性化发展。某些现在受消费者欢迎的热门产品，有可能在一定时期以后变成过时商品而被淘汰；许多潜在的消费需求，不断地变成现实的购买行为，这就是消费需求的发展性。

### 2. 消费者的兴趣

消费者对于某种事物产生兴趣时，总是有喜欢、高兴、满意等情感相伴随。在零售经营活动中，善于察觉消费者对客体特殊的认识倾向，包括他们对零售经营活动中哪些事物产生兴趣或不感兴趣，是揣摩消费者心理，提高零售经营水平的重要环节。同时，由于兴趣存在积极和消极两种倾向，研究消费者的兴趣，还有利于在零售经营活动中引导与鼓励消费者的积极兴趣，克服与改造消费者的消极兴趣，从而创造良好的社会消费风气。

（1）兴趣的概念

兴趣是人力求探究某种事物或从事某种活动的心理倾向。它表现为个体对某种事物或从事某种活动的选择性态度和积极的情绪反应。例如，对艺术感兴趣的人总是先注意有关艺术方面的报道。他们的认识活动优先指向与艺术有关的事物，并且表现出积极的情绪反应。

每到“六一”国际儿童节，为儿童购买新衣服、添置新文具和玩具已成为很多家庭的消费习惯，“六一”国际儿童节营销海报，如图 2-4 所示。因而每当儿童节临近之时，父母、孩子会对各种各样有关儿童吃的、穿的、用的消费品感兴趣。如果一个人对于商业工作有兴趣，那么他就总会关注商业活动的信息，想方设法去改善经营工作。由此可知，兴趣是人们从事各项活动的重要推动力。

图 2-4 “六一”国际儿童节营销海报

（2）兴趣的特征

兴趣的倾向性。兴趣的倾向性是指兴趣所指向的客观事物的具体内容和对象。有人喜欢文学，所以喜欢购买大量的文学类图书；有人喜欢体育，除了经常参加体育活动，观看电视上转播的体育比赛，还会购买体育用品；有人喜欢音乐，可能会购买音乐会的门票。兴趣倾向性与人的生活实践和教育有关，并且受一定的社会历史条件所制约。

兴趣的广泛性。兴趣的广泛性是指个体兴趣的范围。在兴趣的范围上，个体之间的差异也很大。有人兴趣范围广泛，对许多事物和活动都兴致勃勃，乐于探求；有人则兴趣范围狭窄，常常对周围一些活动和事物漠然处之。兴趣的广泛程度和个人的知识面的宽窄密切相关。个人兴趣越广泛，知识越丰富，越容易在事业上取得成就，历史上很多卓越人物都有广泛的兴趣和渊博的知识。

兴趣的稳定性。兴趣的稳定性是指个体兴趣的稳定程度。在人的一生中兴趣或许会发展变化，但在一定时期内，保持基本兴趣的稳定性，则是个体一种良好的心理品质的体现。根据兴趣持续时间的长短，可分为短暂的兴趣和稳定的兴趣。人有了稳定的兴趣，才能把工作持续地进行下去，从而把工作做好，取得创造性的成就。没有稳定的兴趣，就会三心二意，一事无成。

兴趣的效能性。兴趣的效能性是指兴趣对人们行动的推动作用。根据个体兴趣的效能水平，一般把兴趣分为有效的兴趣和无效的兴趣。有效的兴趣能够成为推动工作和学习的动力，把工作和学习引向深入，促使个体能力和性格的发展。无效的兴趣不能产生实际效果，仅仅是一种向往。

兴趣的差异性。兴趣的差异性是指人的兴趣因人而异，差别极大。兴趣的中心、广度和稳定性与人的年龄、性别、职业和文化水平有着直接的联系，影响着人消费行为的倾向性与积极性。有些人兴趣范围广泛，琴棋书画样样爱好；有些人对什么事情都不感兴趣，百无聊赖。

### 3. 消费者的气质

从心理学的角度看，气质是指个体心理活动典型的、稳定的动力特征。不同的气质类型会直接影响和反映消费者的消费行为，使消费者表现出不同的行为方式和特点。

（1）胆汁质型消费者

这类消费者表情外露，心急口快，选购商品时比较匆忙，对所接触到的第一件合意的商品就会买下，不愿意反复选择比较，因此往往能快速地做出购买决定。他们急于完成购买任务，如果客服或营业员的工作速度慢、效率低，都会激起其烦躁情绪。其言行主要受感情支配，态度可能在短时间内发生剧烈变化，挑选商品时以直观感觉为主，不加以慎重考虑。

接待这类消费者要求营销服务人员动作要快捷，态度要耐心，应答要及时。可适当向他们介绍商品的有关性能，以引起他们的注意和兴趣。另外，还要注意语言友好，不要刺激对方。

（2）多血质型消费者

商品的外表、造型、颜色等对这类消费者影响较大，但有时注意力容易转移，兴趣忽高忽低，行为易受感情的影响。他们比较热情、开朗，在购买过程中，愿意与营销服务人员交换意见或者与其他消费者攀谈；有的会主动告诉别人自己购买某种商品的原因、用途和使用感受；即便自己对商品信息不了解，也希望通过交流从别人那里了解到。另外，在选购过程中，他们易受周围环境的感染、购买现场的刺激和社会时髦的影响。

接待这类消费者，客服或营销服务人员应主动介绍并与之交谈，注意与他们联络感情，以促使其购买；另外，与他们聊天时，应给予指点，使他们专注于商品，缩短购买过程。

（3）黏液质型消费者

这类消费者在挑选商品时比较认真、冷静、慎重，信任文静、稳重的客服。他们善于控制自己的感情，不容易受广告、商标、包装的干扰和影响。他们对各类商品喜欢自己细心地比较、选择后才决定购买，给人慢悠悠的感觉，有时会引起营销服务人员和其他顾客的不满情绪。

接待这类消费者要避免过多的提示和热情，否则容易引起他们的反感；要允许他们有认真思考和挑选商品的时间，接待时要更有耐心。

（4）抑郁质型消费者

这类消费者选购商品时，表现得优柔寡断，显得千思万虑，从不仓促地做出决定；对客服、营业员或其他人的介绍将信将疑、态度敏感，还经常因犹豫不决而放弃购买。

接待这类消费者要注意态度和蔼、耐心；对他们可进行有关商品的介绍，以消除其疑虑，促成买卖；对他们的反复，应予以理解。

在商业活动中，消费者的气质特点，在消费者一系列的购买行为中会逐步显露出来。在营销活动中，尽管偶尔能碰到这四种气质类型的典型代表，但纯属某种气质类型的人并不多，更多的人则是以某种气质为主，兼有其他气质的混合气质类型。消费心理学研究消费者气质类型及其特征，其目的就是提供一种理论指导，帮助营销服务人员学会根据消费者在购买过程中的行为表现，去发现和识别其气质方面的特点，进而引导和利用其积极方面，控制其消极方面，使工作更有预见性、针对性、有效性。

# 任务 2　分析消费者购买行为

## 2.2.1　探究消费者购买动机

购买动机是在消费需求基础上产生的、引发消费者购买行为的直接原因和动力。相对于消费需求而言，购买动机更为清晰明确，与消费行为的联系也更加具体。研究购买动机可以为把握消费者购买行为的内在规律提供更具体、更有效的依据。同时应当注意，市场经营活动是一种社会经济活动，是法治社会的一部分。我们在探究消费者购买动机时，要符合法律要求，保护消费者隐私。

### 1. 购买动机的概念

动机这一概念是由美国心理学家伍德沃思（R. S. Wood worth）于 1918 年率先引入心理学的。他把动机视为决定行为的内在动力。一般认为，动机是“引起个体活动，维持已引起的活动，并促使活动朝向某一目标进行的内在作用”。

所谓消费者购买动机，是指消费者为了满足自己一定的需要而引起购买行为的愿望或意念，它是能够引起消费者购买某一商品或劳动的内在动力。如图 2-5 所示的某品牌手机广告创意是运用图片及文案激发消费者的购买动机。

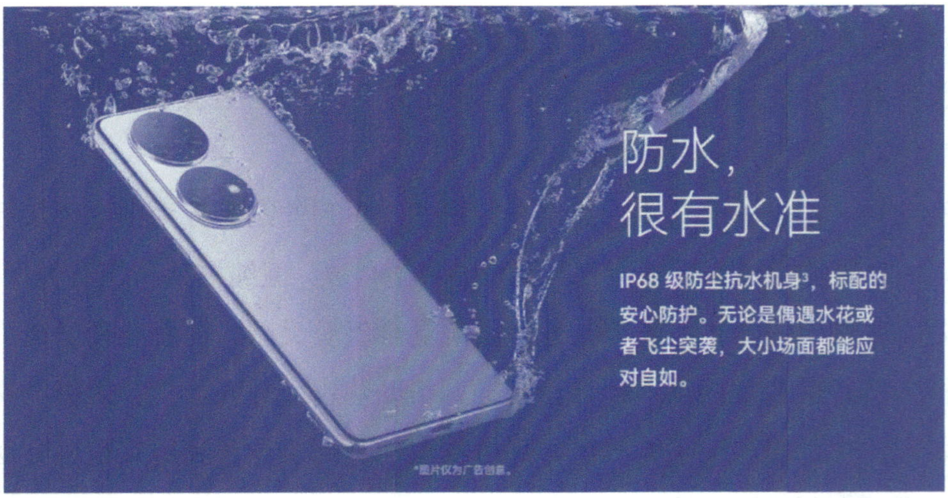


图 2-5　某品牌手机广告创意

### 2. 购买动机的特点

（1）复杂性

消费者的购买动机是很复杂的。一种购买行为往往包含着若干个购买动机，不同的购买动机可能表现出同样的购买行为，相同的购买动机也可能表现出不同的购买行为。在消费者的诸多消费需求中，往往只有一种消费需求占主导地位（优势消费需求），同时还具有许多辅助的消费需求。当外部条件满足时，占主导地位的消费需求将会产生主导性动机，辅助性的消费需求将会引起辅助性动机，主导性动机能引起优先购买行为。

（2）转化性

主导性动机和辅助性动机有时会发生相互转化。当消费者的购买行为在多种购买动机驱使下形成的过程中，主导性动机往往起关键作用。但如果消费者在决策选购商品的过程中，出现了较强的外部刺激，如促销广告宣传、某种商品价格调整、客服态度恶劣等，迫使消费者主导性动机被压抑，则主导性动机就可能向辅助性动机转化。

（3）内隐性

购买动机并不是显露无遗的。消费者的真实购买动机经常处于内隐状态，难以从外部直接观察到。正如弗洛伊德所说，动机犹如海中的一座冰山，显现在海面上的只是很小的一部分，大部分隐藏在看不见的水下。消费者经常出于某些原因不愿意让他人知道自己的真实购买动机。

（4）冲突性

当消费者同时存在两种以上的购买动机且共同发生作用时，购买动机之间就会发生矛盾和冲突，使消费者在购买商品时内心出现矛盾、左右为难的情形。这种矛盾和冲突可能源于购买动机之间的指向相悖或相互抵触， 也可能源于各种消费条件的限制。动机冲突的基本类型有双趋冲突、双避冲突和趋避冲突。

（5）指向性

消费者购买动机具有指向性，即方向性、目的性，它能使购买行为保持一定的方向和目的。由于购买动机是一个内在的心理过程，本身是看不见、摸不着的，只能从购买动机的行为来分析它的内容和特征。因此，购买动机和实践有着密切的关系。研究消费者购买动机，就要把握其发展变化的规律，根据其指向性特征，组织企业的营销活动。

### 3. 购买动机的类型

消费者需求的多样性，决定了消费者购买动机的复杂性。据有些心理学家分析，驱使人们行为的动机有 600 种之多，这些动机按照不同的方式组合和交织在一起，相互联系、相互制约，推动着人们沿着一定的方向行动，演奏出丰富多彩的人类社会生活的交响曲。在现实生活中，消费者的购买动机又呈现一定的共性和规律性。概括起来，一般可以分为生理性和心理性两大类。

（1）生理性购买动机

这类购买动机是指消费者为保持和延续生命有机体而引起的购买动机。这种购买动机是建立在生理需要的基础之上的，具有经常性、普遍性、重复性、习惯性和主导性等特点。具体可以分为四种类型。

①维持生命的动机。消费者饥时思食、渴时思饮、寒时思衣所产生的对食物、饮料、衣服等的购买动机均属于这一类。

②保护生命的动机。消费者为保护生命安全的需要而购买商品的动机，如为治病而购买药品，为建设住房而购买建筑材料等。

③延续生命的动机。消费者为组织家庭、繁殖后代、哺育儿女的需要而购买有关商品的动机就属于此类。

④发展生命的动机。消费者为使生活过得舒适、愉快，为了提高文化科学知识水平、为了强身健体而购买有关商品的动机属于此类。

（2）心理性购买动机

这类购买动机是指由消费者的认知、情感、意志等心理过程引起的购买动机。消费者个体心理因素是引起其心理性购买动机的根源，具体包括感情动机、理智动机和惠顾动机（信任动机）。

①感情动机是指由消费者的情绪和情感两个方面所引起的购买动机。消费者在喜、怒、哀、乐、爱、恶、惧等情绪推动下的购买行为，一般具有冲动性、情景性和不稳定性的特点；消费者在由道德感、理智感和审美感等人类高级情感所引起的购买动机推动下的购买行为，一般具有稳定性和深刻性的特点。感情动机主要表现在求新、求美、求胜、求名等方面。

②理智动机是指消费者在对商品的分析、比较和深思熟虑的基础上所产生的购买动机。理智动机推动下的购买行为，具有客观性、周密性和控制性的特点。理智动机主要表现为求实、求廉、求便等方面。

③惠顾动机是指消费者根据感情和理智上的经验，对特定的商品、品牌、商店等产生特殊的信任和偏爱，形成习惯、重复消费的购买动机。产生惠顾动机的原因很多，如良好的信誉，礼貌周到的服务，物美价廉的商品，便利的购买时间、地点、交通条件、优美舒适的环境等。惠顾动机是以信任为基础的，因此具有经验性、稳定性和重复性等特点。

## 2.2.2　消费者购买决策

决策就是做出决定的过程，是为了达到某一目标，在两种或两种以上备选方案中选择最优方案的过程。购买决策是指人们为了合理地支配有限的财力和精力收集、筛选可行消费方案，并实施选定方案、评估消费效益以达到最佳消费效益的过程。

### 1. 购买决策的内容

（1）为什么买，即权衡购买动机

消费者购买商品的动机和原因多种多样，在诸多的甚至彼此间存在矛盾的购买动机中，消费者首先要进行权衡，做出选择。例如，某一消费者既想买空调又想买冰箱，而实际货币支付能力只能选择其一，消费者就需要对购买两者的各种动机进行比较，然后做出决定。即使消费者购买同一种商品，也存在动机权衡的问题。

（2）买什么，即确定购买对象

这是购买决策的核心和首要问题。消费者的购买决策不仅受商品自身特性，如商品的型号、款式、颜色、包装、品牌等因素的影响，还受市场行情、价格及售前、售后服务等因素的影响。

（3）买多少，即确定购买数量

购买数量一般取决于实际需要、货币支付能力、市场的供应情况及消费者的心理因素。

（4）在哪里买，即确定购买地点

消费者对购买地点的选择，取决于购物场所的环境品位、商家信誉、交通便利程度、可挑选的品种数量、价格水平及服务态度等。这类决策既和消费者的惠顾动机有关，也和求名、求速、求廉等动机有关。

（5）何时买，即确定购买时间

购买时间的选择，取决于消费者对某种商品需要的迫切性、存货情况、营业时间、交通情况和消费者可控制的空闲时间等因素。其中，消费者对某种商品需要的迫切性，是购买时间的决定性因素。

（6）如何买，即确定购买方式

这是消费者取得商品的途径。选择何种购买方式，取决于购买目的、购买对象、购买时间、购买地点等因素。随着超市、便利店、仓储式销售、电视购物、网络购物等新型销售方式的不断涌现，现代消费者的购买方式也更加多样化。

### 2. 购买决策的特点

（1）决策主体的单一性

由于购买商品是满足消费者个人或家庭消费需要的个体行为活动，因而通常表现为消费者个别的独立的决策过程，即由消费者个人单独决策，或同关系密切的参照群体，如家人、亲友共同制定决策。

（2）决策范围的有限性

由于购买决策多是解决如何满足消费者个人及家庭的需要问题，因而同其他事项的决策相比，消费者的决策范围相对有限，仅限于购买何种商品、购买时间、地点、方式等方面的决策。

（3）决策影响因素的复杂性

影响购买决策的因素复杂多样，既有消费者的个性品质、兴趣爱好、态度倾向、生活习惯、收入水平等个人因素，又有社会时尚、所属相关群体、社会阶层、家庭等环境因素的影响。

（4）决策内容的情境性

消费者的购买决策具有明显的情境性。影响购买决策的各种因素并非一成不变，而是随着环境、时间、地点的变化而不断变化的。这也使消费者在实际购买活动中需要具体情况具体分析，以便做出正确的决策。

## 2.2.3 认识消费者购买决策过程

消费者购买决策过程是消费者在各种内外因素和主客观因素影响下形成购买动机、导致购买行为的过程。只有对消费者决策过程进行深入分析，才能对消费者决策做出完整的理解。心理学家认为，消费者购买决策的过程是一个动态发展的过程，一般遵循五个阶段的模式，即认知需要、收集信息、比较评价、购买决策和购后行为。现实中，消费者并不是在购买每件物品时都要经过这五个步骤，某些购买决策过程可能非常简单，消费者可能越过某个环节或倒置某个次序。

### 1. 认知需要

认知需要是消费者决策过程的第一阶段，这个阶段对消费者和营销者都非常重要。消费者对某类商品的需求源于消费者自身的生理或心理需要。当某种需要未得到满足时，满意状态与实际缺乏状态之间的差异会构成一种刺激，促使消费者发现需要所在，进而产生寻求满足需要的方法和途径的动机。引起消费者认知需要的刺激可能来自个体内部的未满足需要，如饥饿、干渴、寒冷等；也可以来自外部环境，如流行时尚、他人购买或某种新产品介绍的引诱。

### 2. 收集信息

收集信息，简单理解就是寻找和分析与满足需要有关的商品和服务的资料。消费者一旦确认了需要满足的问题，便会着手进行有关的信息收集。消费者一般会通过以下四种途径去获取所需的信息。

（1）个人来源。即消费者从家人、朋友、邻居、同事或其他熟人等处得到的信息。

（2）商业来源。即消费者从广告、销售人员介绍、商品包装、说明书、商品陈列或展示会等方面得到的信息。

（3）公共来源。即消费者从大众媒体的报道、消费者组织的评论或政府机构等方面得到的信息。

（4）经验来源。即消费者通过接触、试验或使用商品而得到的信息。

从消费者的角度看，通过企业控制的商业性来源得到的信息主要起着通知性的作用，通过其他非商业性来源得到的信息主要起着建议、评价的作用。

通过信息的收集，消费者能够熟悉市场上一些竞争品牌和特性。在这一阶段，营销者要设计信息传播策略，利用商业来源使消费者充分了解本企业的商品，也要设法利用和刺激其他信息来源，加强信息的影响力和有效性。

### 3. 比较评价

消费者在充分收集了各种有关信息之后，就会进入购买方案的选择和评价阶段——消费者主要对所收集的各种信息进行整理筛选，“去粗取精、去伪存真、由此及彼、由表及里”的分析比较，权衡各自的长短优劣，确定对某商品应持的态度和购买意向，以便做出最佳选择。

一般情况下，消费者对商品信息比较评价的标准，主要集中在商品的属性、质量、价格三个方面，但有时也因人而异。不同的消费者，其消费需求的结构不同，对商品信息的比较和所得结果必然有异。同时，消费者对商品信息比较评价所用的时间也长短不一，一般对紧俏商品、名牌商品、低档商品、日常生活用品等，消费者比较评价的时间较短；而对高档商品，如电脑、汽车等高技术耐用消费品，比较评价的时间较长。

### 4. 购买决策

消费者在广泛收集商品信息并对其进行比较评价的基础上，形成了对某种商品的肯定或否定态度。肯定态度一旦形成，就会产生购买意图，最终进入购买决策阶段。但是，在形成购买意图和做出购买决策之间，仍有一些不确定的因素存在，会使消费者临时改变其购买决策。这些因素主要来源于两方面：一是他人态度；二是意外因素。

（1）他人态度。如果在消费者准备进行购买时，其他人提出反对意见或提出更有吸引力的建议，就有可能使消费者推迟或放弃购买。

他人态度的影响力大小主要取决于三个因素。

①他人否定态度的强烈程度。

②他人与消费者之间的关系。

③他人的权威性或专业水准。

（2）意外因素，即未预期到的情况。包括消费者个人、家庭、企业、市场及其他外部环境等方面突然出现的一些有关的新情况，如家庭中出现了其他方面的紧迫开支、商品生产企业出现了重大的质量问题、市场上出现了新商品、经济形势出现了较大的变化等，都可能会使消费者改变或放弃购买决策。

#### 5. 购后行为

消费者购买和使用了某种商品后，必然会产生某种程度的满意或不满意感。消费者是否满意直接影响其购买后的行为。如果感到满意，以后就可能重复购买，并向他人称赞和推荐这种商品，而这种称赞和建议往往比企业为促进商品销售而进行的广告宣传更有效；如果感到不满意，以后就不会再购买这种商品，甚至投诉。

## 任务 3　开展客户服务

### 2.3.1　售前服务

#### 1. 售前服务的含义

售前服务是指产品从生产领域进入流通领域，但还未与消费者见面之前提供的各种服务。例如，为消费者提供产品说明书，根据消费者的需要提供勘察、设计，代为消费者设计合适的型号、规格；进行技术咨询；售前技术培训；一些大商厦提供销售指导说明；一些主营食品的网店实行“先尝后买”等促销策略，都是主动招揽消费者的售前服务工作。

售前服务是整个商品交换过程的重要活动，是争取消费者的重要手段，通常要抓好三件事：一是做好市场调查与预测；二是采购适销对路的商品；三是做好宣传，加强消费引导。售前服务工作主要包括货源供应，商品的运输、储存保管、再加工，广告宣传，拆零分装，柜台布置，商品陈列，咨询，培训等服务工作。开展这些服务项目，可以使消费者购买目标由模糊到明确，做出买与不买、买什么牌子的决策，可以使许多潜在的消费者变成真正的消费者。

### 2. 售前影响消费者心理的因素

营销大师菲利普•科特勒把消费者在购买消费之前的心理活动称之为“神秘的暗箱”。经营者只有打开暗箱、洞悉消费者的心理活动，才能在市场中占有一席之地。一般来说，售前影响消费者心理的因素主要有以下五种。

（1）社会文化

文化是人类生存和发展方式的体现，人们要进行怎样的消费、优先满足哪些需要，如何满足、采取什么行为，无不受到文化的影响。人们在生存、发展过程中，会有各种各样的需求，而需求的内容则是由文化影响或决定的。同样，人们会产生各种行为活动，但活动的方式也是文化教化的。文化通过满足人们的心理需要、个性，为人们解决问题、参与社会活动提供了顺序、方向和指南。

（2）流行时尚

流行所包含的内容十分广泛，有物质产品的流行、精神产品的流行，以及思想观念的流行等。在消费活动中，没有什么比流行时尚更能引起消费者的兴趣。例如，在 2022 年北京冬奥会上，安踏品牌塑造了奥运会官方合作伙伴的良好形象，如图 2-6 所示。此外，运动员、志愿者身穿安踏运动服亮相，迅速引发了全国运动爱好者对安踏品牌的热爱。安踏发布冬奥会和冬残奥会制服装备如图 2-7 所示。

（3）消费群体

不同的群体往往有不同的价值观念、生活方式、行为准则，形成不同的群体规范，而这一切对消费者的消费心理和购买行为有着重要的影响。由于相关群体的范围非常广泛，所以消费者无时无刻不受到它的影响，其影响大小取决于消费者在群体中的地位、对群体的忠诚与信任等。

（4）商品设计

在商品的设计过程中，要特别重视研究商品能否适应消费者的心理需求、功能需求，能否引起消费者的兴趣与购买欲望。例如，日本汽车制造商把出口欧美国家的轿车设计为车内宽敞、座位靠背的角度可自动调节的形式，适应了欧美人身材高大的特点，使欧美消费者乘坐更为舒适，深受欧美消费者的欢迎。

图 2-6　安踏——冬奥会官方合作伙伴

图 2-7　安踏发布冬奥会和冬残奥会制服装备

（5）商品广告

随着商品经济的发展，广告已成为人们经济生活中不可缺少的组成部分。人们每天要接收大量信息，其中一部分是广告信息。广告信息不仅对人们的购买行为产生了重要影响，还使人们的消费习惯、生活方式受到了不同程度的冲击。

### 3. 售前服务策略

（1）文化策略

文化对消费者行为的影响是潜移默化的，由于文化背景、宗教信仰、道德规范、风俗习惯及社会价值标准不同，消费者在消费观念及消费行为方式等方面会表现出明显的差异。企业应主动适应目标市场所在地区的文化传统，尊重消费者特有的风俗习惯、宗教信仰和消费偏好等。

（2）流行策略

流行是社会生活中的重要现象，也是影响消费者购买行为的重要因素。由于流行具有一种特别的性质——从众性，所以非常适合用作促销策略。20 世纪 90 年代，风靡京沪等地的跳舞毯就是一个很好的例子。企业利用青少年喜欢跳舞这一卖点，开发了跳舞毯这一新产品。

跳舞毯投入市场后立即受到青少年的青睐，并迅速蔓延开，一时之间非常流行。

（3）家庭策略

消费者购买活动很多是以家庭为单位进行的，但是，购买决策是由家庭中的某个或某几个成员决定的。虽然一件商品从需求、购买到使用往往会受到全部家庭成员的影响，但每个家庭成员在其中所起的作用是不同的。企业可以印刷一些有关产品的小册子或单页资料，分发给消费者，让消费者的家庭成员更好地了解企业的产品或服务，引导其消费。

（4）设计策略

新产品的设计应做到顺应社会流行趋势，满足消费者的求新心理；具有艺术魅力，满足消费者的审美需求；具有多种功能，满足消费者的享受需求；具有象征意义，满足消费者的个性需求；赋予高端属性，满足消费者的自尊需求。例如，某品牌冰箱的多区精准控温技术，可以将食物按照不同的存储温度要求分置于各温区，满足各类食物对保鲜温度的不同要求，自然赢得人们青睐。

（5）广告策略

广告作为企业与消费者之间的重要媒介，具有引导、认知、教育、促销等功能。随着广告业的不断发展，广告的形式越来越多，应用越来越广泛，作用也越来越大。例如，“鄂尔多斯羊绒衫温暖全世界”“人类失去联想，世界将会怎样？”……触动人心，打动受众。

## 2.3.2 售中服务

### 1. 售中服务的含义

售中服务是在商品销售成交过程中为消费者提供的各种服务工作。其主要内容有介绍商品、充当参谋、付货与结算，其核心是为消费者提供方便条件和实质性物质服务，让消费者体会到购买商品的愉悦。由于消费者对商品的需求是千差万别的，所以售中服务的要求也是多方面的。为了满足这些需求，为消费者营造受尊重的体验，这不仅能增强消费者的购买欲望，还能在买卖双方之间形成相互信任的关系，营造融洽而自然的气氛。

### 2. 售中影响消费者心理的因素

（1）商品价格

商品价格是商品价值的货币表现，是消费者购买活动中最重要、最敏感的因素。商品价格合理与否，不仅关系企业的生产经营，也关系广大消费者的切身利益。商品价格是影响消费者购买心理最重要的因素。它具有以下三种作用。

①商品价格具有衡量商品价值的作用。

②商品价格具有消费者自我意识的比拟作用。

③商品价格具有刺激或抑制消费者需求的作用。

（2）售中客户服务

良好有效的售中服务不仅会提高商品销量、增加企业盈利，还会赢得消费者的信赖，树立企业的声誉。售中客户服务不仅包括服务技巧、服务态度、服务方式，更重要的是要研究、分析消费者的需求，以及针对消费者的心理活动提供恰当的服务，满足消费者多方面的需求。

（3）商品包装

商品包装在现代市场销售活动中的地位越来越重要。企业正是靠商品包装才把成千上万的商品装扮得五彩缤纷，更富魅力。商品包装不仅是商品本身的一个重要组成部分，更是影响商品销售的主要因素和现代商品推销的有效方法和手段之一。商品包装对消费者购买心理的影响主要表现为指示功能、信任功能、便利功能、美化功能、联想功能。

（4）商品名称与商标

商品名称不仅是消费者借以识别商品的主要标志之一，还是引起消费者心理活动的特殊刺激物。一个合适的商品名称不仅有助于消费者了解商品的特点、记忆商品的形象，还会引发消费者的兴趣，增强对商品的喜爱。

商标是指在商品或服务项目上所使用的，用以识别不同生产者及经营者所生产、制造、加工、拣选、经销的商品或者提供的服务，有显著的文字、图形、字母、数字、三维标志、颜色组合或者上述要素的组合构成的可视性标志。商标具有排他性、标记性、地域性和竞争性的特征。

商标是区别不同商品生产者、经营者和同类商品的特定标志。正因为商标具有多种功能，所以它不仅起着区别某一商品与其他同类商品的作用，同时也起着传达商品信息、促进商品销售的作用。因此，有人将商标称作“微型广告”。

### 3. 售中服务策略

（1）价格策略

价格策略在家电销售中是使用最为频繁的策略，“降价销售”“限时特价”“限量低价销售”“买一送一”等，都是企业常用的手段。价格策略并非一味强调低价，高价促销也是策略之一，并已逐渐成为近年国际、国内市场上较为流行的价格策略。消费者的消费水平提高后，购买心理也发生了较大的变化，“不怕价格高，但求产品好”已成为一种主要的购买心理。

（2）包装策略

包装作为商品的附属物，作用已不仅是保护商品，更是起到美化商品、引导消费的功能。据一些经济发达国家对消费者购买行为的研究表明，有 60%左右的消费者在选购商品时，是受包装的吸引而来的。例如，某空调的外包装以一幅清新明快的自然风景为背景，给人一种凉爽自在的感觉，自然就容易引起消费者的注意和好感。

（3）服务策略

服务的内容非常广泛，包括客服的态度、语气等很多方面。而在销售过程中，服务的好坏往往会直接影响消费者最终的决定。有一位成功的企业家曾写下过这样一个颇具哲理的公式，即 100-1=0，其寓意是客服一次劣质服务带来的坏影响可以抵消 100 次优质服务产生的好影响。

（4）便捷策略

消费者对售中服务期望的一个重要方面是追求方便、快捷。主要体现在减少等待时间；方便挑选、方便交款、方便取货；已购商品迅速包装递交，大件商品送货上门、安装、调试等方面。

（5）品牌策略

品牌策略既包括企业形象，又包括商品形象。企业形象的好坏会直接影响消费者的选择。举个简单的例子，提到手机，人们会想到某些知名品牌，原因是这些企业平时给消费者留下的是良好的印象，而它们的产品也是家喻户晓，市场占有率颇高。因此，如果消费者想买手机，首先考虑的就是这些品牌的手机。这些其实都是成功地塑造了企业形象所带来的好处。

## 2.3.3　售后服务

“以服务促市场”历来是现代品牌的制胜法宝。售后服务既是促销的手段，又担当着“无声”的广告宣传员的工作。而这种无声的宣传所达到的效果，比那些夸夸其谈的有声宣传要有效得多。例如，品牌的“12345”特色服务、“三全”服务，都是企业走向成功的一把金钥匙。

### 1. 售后服务的含义

售后服务是指生产企业或零售企业为已购商品的消费者提供的服务，也就是在商品到达消费者手中，进入消费领域后，还要继续提供的各项服务。

售后服务的主要内容有：①知识性指导及咨询；②帮助运输、进行安装、调试、维修及培训操作人员；③维持和增加消费者的软性服务。这些内容是使商品真正发挥效用必不可少的服务工作，实际上也是企业生产功能的延伸。许多商品的缺陷，正是通过售后服务工作才能弥补、恢复使用的，同时挽回企业的信誉。

### 2. 消费者购后心理

消费者购后的心理活动，主要是在要求退换商品、反映商品质量、询问使用方法，要求提供商品维修、保修服务等过程中产生的心理感受，主要包括以下四种心理。

（1）评价的心理。消费者在购买商品或接受服务后，会对商品的性能是否良好，使用是否方便，实际效果与预期是否接近等进行评价，进而获得满意或后悔等心理。

（2）试探的心理。消费者在要求退换商品的时候，受各种因素的影响，消费者对所购商品的评价可能会出现摇摆不定的情况，先试探，以便进一步做出决断。

（3）求助的心理。消费者在要求送货安装、维修商品、询问使用方法和要求退换商品的时候，多会提出给予帮助的要求，购买心理不稳定的消费者更容易产生这种心理。

（4）据理力争的心理。消费者在要求退换商品和商品维修，或进行投诉并要求赔偿的时候多表现这种心理，性格活跃、激进和自尊心强的消费者更容易产生这种心理。

“真正的销售始于售后”，在成交之后，销售人员应当关心消费者，向消费者提供良好的售后服务。这样既能够维系老顾客，又能够吸引新顾客。

### 3. 售后影响消费者心理的因素

商品售出之后，并不意味着企业已经完成了任务，因为仍有不少因素会影响消费者的心理，以至于对产品将来的销售和企业在消费者心目中的形象产生直接的影响。其中，售后服务是影响消费者心理最为重要的因素。

（1）运输与安装

提供从销售到运输、安装、回访一条龙的服务，企业可能会增加一定的成本，但对消费者而言，既避免了运输途中不必要的损耗，又省去了安装的烦恼，着实方便了不少。这样会消除消费者的后顾之忧，促进购买行为的实现。

（2）维修与保养

对于高档消费品来说，维修与保养特别重要。例如，家电不易来回运输，因此，绝大多数企业均提供上门维修与保养服务，这也为消费者提供了不少方便。

（3）承诺与兑现

企业要兑现广告中或销售过程中对消费者做的口头或书面的服务承诺。因此，企业承诺与否及承诺的内容应基于企业的实际情况量力而定，以诚信为原则，提供超值服务。

（4）真诚与持久

生产企业或零售企业应通过恰当的媒介渠道，准确、真实、清晰地传递信息、关心消费者需求，始终如一提供优质服务。

### 4. 售后服务策略

（1）服务网络

企业可以通过建立广泛的服务网点，开通服务热线、App 等渠道，为消费者提供及时有效的售后服务。例如，某企业开通了 24 小时服务热线，消费者也可以下载该企业智家 App 与客服取得联系。某企业售后服务网页页面，如图 2-8 所示。

图 2-8 某企业售后服务网页页面

（2）优质服务

现代企业的服务体系虽然在日趋完善，但消费者仍有追求更优质、可靠服务的需求。

①送货服务。对购买体积庞大的商品，或一次购买量过多、自行携带不便及有某些特殊困难的消费者，要提供送货服务。

②“三包”服务。“三包”服务是指包修、包换、包退。包修是指消费者购买本企业的商品后，在保修期内享受免费维修服务，超过保修期则按规定收取维修费用；包换是指消费者购买的商品不合适可以调换；包退是指在消费者对购买的商品经两次修理仍未达到要求或对购买的商品有其他约定时，能保证退换。

③安装服务。消费者购买的商品，有的在使用之前需要进行安装调试，由企业派人上门服务，免费安装，当场试用，保证出售商品的质量。

④包装服务。商品包装是消费者服务中不可缺少的项目。商品包装的形式多种多样，如单独商品包装、组合商品包装、散装商品包装、礼品包装等。

⑤提供知识性指导及产品咨询服务。消费者在购买后的商品使用中，难免会遇到一些问题，企业要负责解答、指导，以保证商品的使用寿命。

⑥承诺与赔偿策略。“缺一罚十”“假一罚百”等广告语正是企业做出的保证消费者售后利益的承诺，也是典型的赔偿策略。

（3）创新服务

企业通过服务创新向消费者提供超过预期、更加周到的服务。随着生产技术的进步，柔性制造系统已能按消费者的个性化需求生产个性化产品。例如，国内某电器集团通过个性化产品满足了不同消费者的个性化需求。某企业智家 App 如图 2-9 所示，它是该企业于 2015 年发布的消费者交互定制的 App，该 App 是家电行业首个实现交互定制的，集合了众多设计师，专门为消费者打造定制产品的 App。该 App 创造了消费者、工厂和设计师对话的全新模式，在产品想法诞生一直到产品售出，消费者不再被动接受产品，而是以消费者需求作为产品生产升级的引擎。企业通过构建并联交互平台和生态圈，提供互联网时代美好生活解决方案，最终实现消费者的全流程最佳交互、交易和交付体验。企业充分利用互联网优势，发布和获取信息，在互联网上帮助消费者解决问题，提供服务。

图 2-9　某企业智家 App

（4）爱心服务

企业销售人员应在售货后继续关注消费者的使用感受，了解他们对商品的满意程度，虚心听取他们的意见；对产品和推销过程中存在的问题，采取积极的补救措施，满足消费者的合理要求。

## 2.3.4　探究智能客服

### 1. 智能客服的含义

智能客服是在大规模知识处理基础上发展起来的，一项面向行业应用的技术手段，包含大规模知识处理技术、自然语言处理技术、知识管理技术、自动问答系统、推理技术等，具有行业通用性，不仅为企业提供了细粒度的知识管理技术，还为企业与海量用户之间的沟通建立了一种基于自然语言的快捷有效的技术手段，同时还能够为企业提供精细化管理所需的统计分析信息。

### 2. 智能客服的优势

（1）同时接待海量用户咨询

在保证质量的情况下，人工客服最多同时接待 7～8 个用户咨询，承接能力存在明显瓶颈，并且每多让一个用户等待超过 5～10 秒时间，就有可能造成用户流失。一旦到了咨询高峰期，人工客服应接不暇的状态很容易给企业造成损失。

智能客服可以同时接待成千上万个用户发起的在线咨询，尤其在企业开展营销活动或直播等咨询高峰场景中，可确保每个用户的问题都能得到快速响应，有效避免因排队等待导致的用户流失，其服务效率是传统人工客服无法比拟的。

（2）代替人工客服进行夜班接待

无论是售前还是售后咨询，企业常常会面临夜间缺乏客服接待咨询的问题，导致宝贵的夜间竞价流量无法充分利用。然而，采用三班倒的工作机制虽然可以解决这一问题，但可能对客服人员的身体健康和精神状况产生负面影响，进而影响白天的服务质量。

智能客服的话术是基于海量真人客服聊天记录训练而成的，具备高度拟人对话的能力，能够完全代替人工客服进行夜间咨询和转化工作。它支持 7×24 小时云端运行，即使企业断网，也能确保客户服务不受影响，持续正常接待。

（3）自主营销

智能客服的一大特色就是可以实现自主营销，在对话中先进行用户咨询意图的智能识别，提取相关解答话术进行智能回复，并在适当的时候，用话术引导对方留下联系方式。在对智能客服进行话术训练后，留联率可达到70%以上。

（4）主动咨询引导用户咨询

流量大但用户咨询少，一直是多数企业网站遇到的通病，其根本原因是用户对企业网站布局的陌生及信任感的缺乏，需要被耐心引导才会开始咨询。如果每个用户都由人工客服进行引导的话显然是不可能的。

智能客服可以获取到用户搜索的关键词，了解其咨询意图，并自动弹起迷你对话窗口，围绕关键词相关业务进行解答，满足用户部分需求，给予用户满足感并获得信任，有效提升用户咨询的意愿。智能客服在这方面优势不言而喻。

（5）控制人工客服风险，降低成本

人工客服流动性高，工作压力和情绪的影响都有可能让企业需要面对重新招聘新客服和培训期长的问题，并且人工客服工作监管难度大，在运营和管理成本上，对于企业而言都是非常不稳定的因素。

经过实战话术更新迭代，企业可以通过智能客服打造属于企业独有的高转化率，且相较人工客服而言稳定性更强。

### 3. 智能客服的劣势

（1）费用较高

尽管智能客服确实能够帮助企业实现降本增效的目标，但每年12万元的市场均价会让一些咨询量或客服团队人数较少的企业没有机会使用。针对这种现象，AI智能客服已经推出了“以有效对话条数”进行计费的方式。

（2）智能程度达标的产品较少

从目前智能客服市场来看，真正能够在多个行业有完善的知识图谱和话术累积，并且实现较高的用户意图识别率和回复准确率的AI智能客服机器人产品较少，企业在不了解市场行情的情况下选择较为困难。诸多服务商都是挂着“智能客服”的招牌销售传统的通过关键词判断的客服机器人，企业需要花费足够的时间进行训练才能找到符合业务需求，能真正代替人工客服的智能客服机器人。

## 零售资讯

### AI 重塑客服中心的价值

人工客服行业经过了多年发展，自身的演进却有限，从开始使用电话到现在，基本没有颠覆式的创新。主要原因是大多人工客服系统在设计上并未有帮助用户解决具体问题功能，只是为用户提供业务规则的解答。

智能客服仅提供问答，只关注识别率，那么降本增效的对象就是只负责不停说话的基础客服人员。如果智能客服定位只局限于基础客服人员的降本增效，抢的是人工客服外包行业的“盘子”。

智能客服降本增效的对象应该是核心业务的操盘人员，致力于整个用户购买周期，强调专业服务端的自动完成。随着客服中心智能化程度的纵深化发展，智能客服串联各个系统、各渠道企业数据，覆盖多元应用场景，拓展营销新职能，有望奔向价值中心。

过去，人工客服记录用户数据，理论上实现了海量数据的集合，但实际上，各类数据之间并未连接互通，数据无法转化为企业的核心资产。如今，智能客服可以打通全渠道数据，实现对市场的精准洞察，构建价值闭环，与企业、行业生态联动，推动企业营收增长。

另外，随着客服的功能向营销方向拓展，客服职责边界不断被拓宽，已成为企业营收的直接推动力。营销功能的完善建立在智能客服对全域数据的整合、计算与分析的基础上。透过数据标签，实现对消费行为与趋势的预判，从而进行更为精准的营销。

事实上，我国部分智能客服服务商已经在智能客服营销上进行了探索。例如，在电商领域，智能导购模块功能的优化与完善，推动兴趣商品的精准推送，提升用户的转化率与留存率。全域整合与营销功能的拓展实现联动后，构成了智能客服服务商的价值闭环，即透过数据，企业实现对市场及行业的精准洞察，进行精准营销，而营销积累的用户群体，又为企业输送新鲜的数据，如此形成良性循环。

三十年来，客服系统因技术和外部环境变化，从形态到职责都经历非常大的变迁。随着 AI 在行业领域的应用，客服系统正向着高效率化、高品质化、高服务化迈进。

智能客服的发展，体现的不仅是技术、服务的演进，更是其从成本中心奔向价值中心的行业价值重构。

## 项目小结

本项目通过分析消费者需求、购买商品的个性心理特征、购买动机、购买行为、购买决策等，为下一个项目“探究零售业态”的学习打下基础。零售业态是零售企业为满足不同的消费需求进行相应的要素组合而形成的不同经营形态。不同业态中消费者有不同的特征，需要进一步充分利用零售手段，引导消费，扩大销售，提高效益。

## 项目测试

### 一、单项选择题

1．随着生活水平的日益提高，消费者可能同时会产生购买手机、电脑等电子产品，外出旅游等需求。这体现了消费者需求的特征是（　　）。

A．需求的差异性和多样性　　B．需求的层次性和发展性

C．需求的伸缩性和周期性　　D．需求的可变性和可诱导性

2．对于消费者日常生活中不可缺少的生活必需品，如粮食、食盐、肥皂等基本生活用品，消费需求的伸缩性（　　），而属于满足享受需求的用品，如高档服装、高档化妆品、耐用消费品等，其消费需求的伸缩性（　　）。

A．大、小　　B．小、大

C．小、小　　D．大、大

3．要求学习文化知识，增进智力和体力，提高个人修养，掌握专门技能，在某一领域取得突出成就。这属于消费者需求分类中的（　　）。

A．生存需求　　B．享受需求

C．发展需求　　D．生理需求

4．渴望实力、成就、独立与自由，渴望名誉与声望，受到别人的赏识和高度评价等。根据马斯洛需求层次论，这属于（　　）。

A．生理需求　　B．安全需求

C．尊重需求　　D．社会需求

5．企业通过卓有成效的市场营销策略、营销活动，将无需求转化为有需求，潜在需求转化为现实需求，未来需求转化为近期的购买行为。这体现了消费者需求的（　　）。

A．可诱导性　　B．可发展性

C．稳定性　　D．独特性

6．有人喜欢文学，所以喜欢购买大量的文学类图书；有人喜欢体育，除了经常参加体育活动，观看电视上转播的体育比赛，还会购买体育用品，这体现了兴趣的（　　）。

A．倾向性　　B．广泛性

C．稳定性　　D．效能性

7.（　　）挑选商品时比较认真、冷静、慎重，信任文静、稳重的客服。

A．胆汁质型消费者　　B．多血质型消费者

C．黏液质型消费者　　D．抑郁质型消费者

8. 某一消费者既想买空调又想买冰箱，而实际货币支付能力只能选择其一，消费者就需要对购买二者的各种动机进行比较选择，然后做出决定。这属于购买决策内容中的（　　）。

A．为什么买，即权衡购买动机　　B．如何买，即确定购买方式

C．买多少，即确定购买数量　　D．在哪里买，即确定购买地点

9. 某品牌冰箱的多区精准控温技术，可以将食物按照不同的存储温度要求分置于各温区，满足各类食物对温度保鲜的不同要求，赢得人们青睐。这体现了售前服务策略中的（　　）。

A．广告策略　　B．设计策略

C．流行策略　　D．文化策略

10. 消费者在要求退换商品和商品维修或进行投诉要求赔偿的时候，多表现为消费者购后心理中的（　　）。

A．评价的心理　　B．试探的心理

C．求助的心理　　D．据理力争的心理

## 二、简答题

1. 消费者需求的特征，具体表现在哪五个方面？

2. 按照不同的标准对消费者需求进行划分，有哪些分类？

3. 购买动机有哪些特点？

4. 购买决策的内容有哪些？

5. 智能客服有哪些优势？

项目 3

# 探究零售业态

零售业态是指为满足不同的消费需求而形成的不同的经营形态。我国把零售业态根据有无固定营业场所分为有店铺零售和无店铺零售两大类，在大类的基础上，又分为便利店、超市、折扣店、仓储会员店、百货店、购物中心、专业店、品牌专卖店、集合店、无人值守商店、网络零售、电视/广播零售、邮寄零售、无人售货设备零售、直销、电话零售、流动货摊零售 17 种类型。本项目主要探究各种类型的零售业态。

## 学习目标

### 素质目标

1. 培养正确的零售观念，树立服务社会、服务地方的理想信念。
2. 弘扬社会主义核心价值观，树立精益求精、甘于奉献、敬业诚信的工匠精神。
3. 树立数字经济和实体经济深度融合的理念，推动建设零售行业新亮点。

### 知识目标

1. 了解零售业态的分类。
2. 掌握各种类型零售业态的定义及基本特征。
3. 理解不同类型零售业态之间的区别。

### 能力目标

1. 能够正确区分不同类型的零售业态。
2. 能够根据不同的特征判断并选择合适的零售业态类型。

## 案例导入

**中国商超 30 年：经济增长红利下的高速“快进”**

中国商超是经济体制和商品流通体制改革的产物。1992 年社会主义市场经济体制确立，中国正式迎来真正意义上的超市业态，开启商超的“黄金时代”。2022 年，中国商超市场规模突破 3.15 万亿人民币，取得了令人瞩目的成就。随着中国经济的飞速发展，中国商超行业发展高速“快进”，且受资本推动，中国出现电商、新零售模式，线上化渗透是全球范围内最猛烈的。在区域扩张、全渠道经营、新业态涌现等多种挑战下，商超经营的复杂度呈几何级数上升。

**想一想**

你知道零售业态有哪些吗？中国商超的未来如何实现升级呢？

# 任务 1 认识零售业态

## 3.1.1 零售业态

### 1. 零售业态的定义

零售业态是指零售为满足不同的消费需求而形成的不同经营形态。零售业态的分类主要依据营业场所、选址、规模、目标顾客、商品结构、店堂设施、经营方式、服务功能等。

### 2. 零售业态的主要特征

（1）零售业态是零售经营理念和经营方式的外在表现形式。这种表现形式更容易被消费者识别，如消费者很容易将一家店铺归类于百货店、超级市场、专卖店、便利店等形式。

（2）零售业态是根据不同消费需求和目标市场而形成的，每一种零售业态都是为了满足某一类特定目标消费群体的需求而存在的。

（3）目标市场需求决定了零售业态的经营效率，只有采取与目标市场需求相适应的零售业态，零售商的经营才有效益，否则很难立足。

### 3. 零售业态的内在组成要素

在零售竞争中，许多零售商竞相采取不同的零售策略组合，包括目标消费者、商品结构、价格策略、服务方式、店铺环境等因素，以强化零售商的良好形象，避免陷入与竞争者过于雷同的境地，从而使零售经营形式多样化。由于各因素选择余地大，组合形式多，所以，现代零售业态的经营内容丰富多彩，并且同一业态的零售商店也表现出不同的经营特色。

## 3.1.2 零售业态分类

### 1. 零售业态与零售业种的区别

零售业态是由零售业种发展演变而来的。零售业种是指零售商品的行业种类，通常按经营商品的大类将零售划分为若干个业种，业种强调的是“卖什么东西”，按所经营的商品类型划分为各类零售商店。零售商店自古有之，如粮店、布店、鞋店、药店、肉店、杂货店等零售商店，只不过那时候的零售商店规模较小，经营品种非常有限，有时候人们进一家店仅能买一种商品。这种商店的存在是与当时手工业作坊的生产方式、消费需求的单一化和偶然化、商业资本的小规模条件相适应的。

零售业态与零售业种的区别表现在以下三个方面。

（1）经营目的不同。零售业种的主要目的是推销自己所经营的商品，而零售业态的经营目的主要是满足目标顾客的需求。

（2）营销观念不同。零售业种经营是以商品为核心，而零售业态经营是以消费者为核心，体现以消费者为导向的市场营销观念。

（3）经营重点不同。零售业种强调的是卖什么，而零售业态强调的是怎么卖。

### 2. 零售业态的分类

（1）国际上零售业态的一般分类

零售业态的分类，目前国际上的惯例主要依据零售商店的选址、规模、目标消费者、商品结构、店堂设施、经营方式、营业时间、服务功能、价格策略等确定。美国把零售业态区分为百货店、超级市场、折扣店、一般商品店、服装专卖店、仓库俱乐部、药店、便利店、杂货店九类；日本对零售业态的分类与美国基本相同，但增加了自动售货机、邮购及无店铺销售的形式。当然，同一个大类的业态，还可以进一步细分为更为具体的业态形式，如超级市场可以再细分为食品超市和综合超市。

在实践中，国际范围内许多国家对零售业态的分类基本一致，可以进行国际比较和沟通。

（2）我国零售业态的分类

20 世纪末，我国零售业态迎来快速发展时期。为加快零售业态发展的步伐，2000 年，我国首次制定并颁布了《零售业态分类》标准。在 2004 年、2010 年、2021 年先后进行了三次修订和补充。四次制定和修正《零售业态分类》标准体现了零售业态的创新和发展。

①2000 年版标准

1998 年，我国研究零售业态统计时，主要考虑了零售各业态的发展水平和所处的生命周期。国家标准《零售业态分类》（GB/T 18106—2000）将零售业态定为 9 类：百货店、超级市场、大型综合超市、便利店、专业店、专卖店、购物中心、家居中心和仓储商店。

②2004 年版标准

2004 年，商务部组织国内有关部门对《零售业态分类》标准进行了修订，并制定了新的标准。该标准经原国家质量监督检验检疫总局和国家标准化管理委员会批准并发布，联合颁布的新国家标准《零售业态分类》（GB/T 18106—2004）于 2004 年 10 月正式实施，并替代了 2000 年版标准。

2004 年版标准与 2000 年版标准的主要差异是增加了折扣店、无店铺销售等业态，并对购物中心的种类进行了细分。最重要的是，该标准将零售业态从总体上分为有店铺零售业态和无店铺零售业态，无店铺销售方式被我国零售业承认。2004 年版标准将零售业态分为食杂店、便利店、折扣店、超市、大型超市、仓储会员店、百货店、专业店、专卖店、家居建材商店、购物中心、厂家直销中心、电视购物、邮购、网上商店、自动售货亭、电话购物 17 种零售业态。

③2010 年版标准

为适应我国零售业发展的趋势，原国家质量监督检验检疫总局、国家标准化管理委员会联合颁布新国家标准《零售业态分类》（GB/T 18106—2010），并于 2010 年 10 月 1 日起开始实施。

本次修订借鉴发达国家对零售业态的划分方式，并首次对超市业态进行了细分，便利超市、社区超市、大型超市作为单一业态获得认可。从大类上来看，此次修订将零售业态由原来 17 大类缩减为 16 大类，零售业态总体分为有店铺零售业态和无店铺零售业态两类。有店铺零售业态包括食杂店、便利店、折扣店、超市、仓储会员店、百货店、专业店、专卖店、购物中心、厂家直销中心。无店铺零售业态包括电视购物、邮购、网上商店、自动售货亭、直销和电话购物。细分业态增多，把原来的大型超市归在超市业态大类下，家居建材店并入专业店中；将专业店划分为专业市场和专业超市。在无店铺零售中增加了直销业态。

本次修订最大的亮点是对超市业态进行了细分，分为便利超市、社区超市、综合超市和大型超市，并对这四类超市的营业面积和目标顾客规定了具体标准。这表明零售业差异化趋势已越来越明显。

④2021 年版标准

《零售业态分类》（GB/T 18106—2021）由国家市场监督管理总局、中国国家标准化管理委员会于 2021 年 3 月 9 日发布，归口单位全国连锁经营标准化技术委员会，主管部门商务部，自 2021 年 10 月 1 日起施行。

2021 年版标准与 2010 年版标准相比，除编辑性修改外，主要变化如下。

取消了“食杂店”业态；取消了“大超市”“家居建材商店”“厂家直销中心”业态，将“厂家直销中心”并入购物中心业态，更名为“奥特莱斯型购物中心”；细化了便利店业态分类；按营业面积大小和生鲜食品营业面积细化了超市业态分类；细化了购物中心业态；增加了集合店业态；增加了无人值守商店业态；在无店铺零售中，增加了流动货摊零售业态；将原“网上商店”修改为“网络零售”；将原“电视购物”修改为“电视/广播零售”；将原“自动售货亭”修改为“无人售货设备零售”。

有店铺零售业态和无店铺零售业态的分类见表 3-1 和表 3-2。

表 3-1 有店铺零售业态分类

| 序号 | 零售业态 | 特征 |
|---|---|---|
| 1 | 便利店 | 以销售即食商品为主，满足顾客即时性、服务性等便利需求为主要目的的小型综合零售形式的业态 |
| 2 | 超市 | 以销售食品、日用品为主，满足消费者日常生活需要的零售业态。通常采取开架销售，也可同时采取在线销售。门店内可提供食品现场加工服务及现场就餐服务 |
| 3 | 折扣店 | 店铺装修简单、提供有限服务、商品价格低廉的一种小型超市业态 |
| 4 | 仓储会员店 | 以会员为目标顾客，实行储销一体、批零兼营，以提供基本服务、优惠价格和大包装商品为主要特征的零售业态 |
| 5 | 百货店 | 以经营品牌服装服饰、化妆品、家居用品、箱包、鞋品、珠宝、钟表等为主，统一经营，满足顾客对品质商品多样化需求的零售业态 |
| 6 | 购物中心 | 以满足顾客中高端和时尚购物需求，配套餐饮、休闲娱乐、商务社交等多元化服务。位于城市的核心商圈或中心商务区，辐射半径可以覆盖甚至超出所在城市 |
| 7 | 专业店 | 经营某一类或相关品类商品及服务的零售业态。如办公用品专业店、家电专业店、药品专业店、服饰店、体育用品专业店和家居建材商店等 |
| 8 | 品牌专卖店 | 经营或被授权经营某一品牌商品的零售业态 |
| 9 | 集合店 | 汇集多个品牌及多个系列的商品，可涵盖服饰、鞋、包、文具、电子产品、食品等多种品类的零售店 |
| 10 | 无人值守商店 | 在营业现场无人工服务的情况下，自助完成商品销售或服务的零售店 |

表 3-2 无店铺零售业态分类

| 序　　号 | 零售业态 | 特　　征 |
|---|---|---|
| 1 | 网络零售 | 通过电子商务平台、物联网设备等开展商品零售的活动。根据经营模式的不同，网络零售可分为网络自营零售和网络平台零售 |
| 2 | 电视/广播零售 | 以电视、广播作为商品展示、推介渠道，提供使用效果、方法等推介内容并取得订单的零售业态 |
| 3 | 邮寄零售 | 以邮寄商品目录为主，向消费者进行商品展示、推介，并通过邮寄等方式将商品送达给消费者的零售业态 |
| 4 | 无人售货设备零售 | 通过售货设备、智能货柜或贴有支付码的货架等进行商品售卖的零售业态 |
| 5 | 直销 | 在固定营业场所之外，直销企业招募的直销员直接向最终消费者推销产品的零售业态 |
| 6 | 电话零售 | 通过电话完成销售的零售业态 |
| 7 | 流动货摊零售 | 通过移动售货车或其他展示、陈列工具销售食品、饮料、服饰、鞋帽等日常消费品的零售形式 |

## 3.1.3 连锁经营

### 1. 连锁经营的定义

连锁经营是指经营同类商品或服务的若干个门店，通过一定的联结纽带，按照一定的规则，组成一个联合体，在整体规划下进行专业化分工，并在此基础上实施集中化管理和标准化运作，最终使复杂的商业活动简单化，以提高经营效益，谋取规模效益的一种经营方式。

连锁经营作为零售业的革命，不仅是经营方式的改变，还是商业制度的创新，是对商品流程的重构。以连锁为架构把分散经营的商店有机地连成一体，使其产生规模经济，改变采购模式、组织形式和经营方式，达到提高协调运作能力和规模化经营效益的目的。

### 2. 连锁经营的特征

连锁经营产生于 19 世纪中期的美国，而后在欧洲和日本逐步发展起来。1859 年，美国的吉尔曼与哈福特兄弟在纽约创办了第一家连锁店，但前期发展缓慢，直到 20 世纪 50—80 年代，连锁店才进入高速发展期。1991 年，美国一知名超市在墨西哥开设了第一家连锁店，连锁经营冲破国界，标志着连锁经营进入国际化发展时期。当今世界，连锁经营已在现代零售业和服务业中占据主导地位。超级市场、便利店、专卖店等连锁商店比比皆是，连锁经营已成为当今世界最富有活力、发展最为迅速的一种经营方式。

连锁经营与传统商业组织形式相比，具有以下四个基本特征。

（1）多店铺组织

连锁经营从形式上来看，是由一个总部和若干个门店组成的。我国《连锁经营管理规范意见》规定：连锁店应由10个以上门店组成。这些门店如同一条锁链相互连接在一起，称为“连锁商店”。多店铺组织是连锁经营的基本特征。理解这一特征应把握以下几个基本要点。

①连锁门店必须以经营同类商品或提供同类服务为基础。例如，超级市场的主力商品是“生鲜食品”；便利商店的主力商品是“便利服务”；专卖店的主力商品是著名品牌的系列商品等。如果把经营不同种类商品的店铺组合在一起实行连锁经营，就很难实现标准化管理和规模效益。

②连锁门店与连锁总部具有不同的功能。连锁门店是直接面向消费者的经营单位，其基本功能是销售服务；连锁总部是为连锁门店的经营活动提供必要的条件，并指导与监督连锁门店的管理单位，其基本功能是规划设计、服务指导、监督调控。为了使门店集中精力做好销售服务工作，必须有一个健全而坚强的总部。“强化总部”是实行连锁经营的基本条件。

③多店铺的组织形式根据产权关系和合作程度的不同分为“直营连锁”“特许经营”“自由连锁”三种。直营连锁是总部直接投资或控股的组织形式；特许经营和自由连锁则是以独立产权为基础的组织形式。前者称为“授权加盟”，偏重总部与门店之间的纵向关系；后者称为“自愿加盟”，偏重门店之间的自愿合作关系。

（2）网络化经营

连锁经营的多店铺组织形式，从业务营运角度分析，其实质是网络化经营。连锁公司通过对上游企业的控制建立供货网络，通过门店扩张控制最终市场并建立销售网络，并通过信息网络把两者有机地连接起来。

①销售网络的扩张是连锁经营成功的基础。为了实现连锁经营的盈亏平衡，必然要求构成销售网络的连锁门店数量达到一定的规模。如果门店数量达不到基本规模，连锁经营就无任何优势可言。此外，连锁公司的形象对吸引最终消费者具有极为重要的作用，而树立连锁公司形象的基本途径是通过门店的销售服务提升，门店的数量越多。同时，门店的数量越多，销售量就越大，对上游企业的吸引力也就越强，越能够获得上游企业的支持。

②供货网络的完善是连锁经营利润的重要来源。构成供货网络的基本要素：统一采购、集货、加工、补货管理及配送。这些要素是为了确保商品质量和持续不断的商品供应，同时还能创造利润。首先，集中统一采购能避免或减少分散采购时普遍存在的不经济问题，以降低进货成本。其次，以大规模的销售网络为交易条件，可以获得巨额的“通道利润”，如上架费、广告费、促消费等。再次，实行产销一体化或定牌监制，能够在维持低价销售的前提下实现高毛利与高利润。最后，通过提高供货网络的效率，能够减少商品库存，加快商品周转，提高现金流量的利用效率，为连锁公司创造丰厚的资金利润。

③信息网络是确保销售网络与供货网络协调平衡的关键。首先，供货网络的一切活动都必须以高效率的销售网络信息反馈为导向，否则就会降低供货网络的效率，即以信息流指导商流与物流。其次，管理大规模的供货网络和销售网络必须采用现代化的信息技术，否则就难以实现高效率的信息反馈。最后，原始的信息必须经过系统的分析才能有效地发挥出应有的作用。

（3）标准化管理

标准化管理是多店铺组织与网络化流通的必然要求，其目的是确保连锁门店的统一形象，保证商品质量和服务质量，简化管理工作，提高管理效率，并控制人为因素对经营管理可能造成的不利影响。对标准化管理的理解应掌握以下两个基本要点。

①标准化管理有四层含义：一是建立标准；二是选择合适的人员；三是按标准对人员进行培训；四是把标准与掌握标准的人结合起来，以创造效益。

②推行标准化管理应掌握以下基本原则。一是要把个人经验上升为集体经验，即从实践中积累经验，并用科学的方法将经验汇集为文字，并达到可传授的标准。二是坚持三方面结合，即“凡是要做到的都要写到；凡是写到的都要做到；凡是做到的都要有效”。三是标准化管理应该与信息化相结合，依靠信息技术把标准固化在信息系统中，并强调适用性、渐进性和实践性，使标准的合理制订与有效贯彻实施相结合。

（4）物流技术现代化

连锁经营对物流技术的要求很高，连锁经营总部需要集中配送商品，只有集中配送才能降低成本，提高效率，取得规模效益。集中配送需要建立在 3C 之上，3C 系统包括以下三个方面。

①TC（Transfer Center），即商品转运中心。对于那些各分店要求大批量供货的商品，工厂根据总部的订单，按各分店需求量分别打捆包装，运送到 TC，由 TC 进行验收，然后再分货装运到各分店。

②DC（Distribution Center），即商品发货中心。对于各分店一次所要数量较少的商品，由工厂按总部订单总量供货运到 DC，DC 接货后，有的再按各店要货量开捆分货，配好货后，发运到各分店，所余商品则暂时储存在 DC，供持续供货之用。因为 DC 是开装细分商品，所以也称为细分货系统。DC 与 TC 的不同，一是有粗细分货之别；二是 DC 有暂时储存商品的功能。在实际中，二者往往设置在一起。

③PC（Process Center），即生鲜食品加工配送中心。将各分店所订的生鲜食品，由总部大批集中采购至 PC 后，由 PC 进行检验、解冻、分割、加工、包装后，运送至各个分店。其

功能与DC类似，区别在于处理的是生鲜食品，且要加工处理。

### 3. 连锁经营的类型

连锁经营发展至今已有100多年历史，特别是近20年来，随着信息技术的发展和普遍应用，连锁经营得到空前发展，由过去十几家、上百家店铺连锁，拓展为几百家、上千家，甚至上万家店铺的连锁经营。如今连锁商店已经成为商业中最重要的组织形式之一。

连锁商店最初以单一所有权形式（正规连锁形式）出现，随着长期的发展实践，逐渐形成了三种形式并存的局面，即正规连锁、自由连锁和特许连锁，其中，特许连锁发展势头强劲，大有后来居上之势。

（1）正规连锁

正规连锁（Regular Chain）又称直营连锁，是指总公司直接管辖下属分店，利用其雄厚的资金进行进货和销售，往往会形成行业垄断。正规连锁主要具有以下特点。

①所有分店必须归一个公司、一个联合组织或单一个人所有，各分店不具有法人资格。

②连锁总部对各分店拥有全部所有权、经营权、监督权，实施人、财、物与信息流、物流、资金流等方面的集中统一管理，分店的业务必须按总部指令行事。

③整个连锁集团实行统一核算制度，工资奖金由总部确定。

④分店所有员工由总部统一招募，分店经理也由总部委派。

⑤各分店实行标准化管理，如商店规模、店铺装潢、销售品类、商品档次、售价和服务质量等方面。

采取正规连锁方式经营的主要优点是：公司总部进行集权管理，统一调配资金，统一执行公司的经营战略和方针，统一进行人事管理，充分规划企业的发展规模和速度，在各方面都能发挥出资源整合优势。

正规连锁也有一定的缺陷：由于正规连锁以单一资本的形式进行市场的扩展，各分店都由总部投资兴建，这样就会受到资金、人力和时间等方面的限制，因此企业的发展速度和规模都会受到影响。

（2）自由连锁

自由连锁（Voluntary Chain）又称自愿连锁、志同连锁。自由连锁主要是指对许多独立的中小零售商，依照一定的合同条款，自愿联合起来进行共同活动的联合组织。这是中小零售商为保护自己的利益，利用团结、协作的联合形式，取得和大零售商同样的竞争条件，以对抗大资本零售商的竞争。自由连锁主要具有以下特点。

①由一个或几个核心企业作为主导企业，既可以是批发企业，也可以是大型零售企业。

②众多分散的中小型零售企业是加盟成员，各成员是独立的，商店资产归经营者所有。

③核心的主导企业与各加盟的成员企业，通过合同联结在一起，合同是各成员之间通过民主协商制定的，不像特许连锁方式采取定式的合同。

④加盟的成员企业，即加盟店，在所有权、经营权和核算方面，都仍保持着自主性和独立性。但是在统一进货、统一管理、联合行动等方面，必须按照合同规定的内容执行连锁总部的要求，接受总部的领导和指挥。

⑤自由连锁总部的职能，包括制订大规模销售计划、组织共同进货、联合促销、业务指导、组织物流、教育培训、信息利用、资金融通、开发店铺、财务管理、劳保福利和协助成员劳务管理等内容。

自由连锁的优点在于：加盟店的独立性强，自主权大，直接与利益挂钩，可以充分调动各成员的积极性和创造性；连锁总部的集中管理指导，有利于提高加盟店的管理能力和经营技巧；主导企业进行统一进货、促销、联合培训等管理事项，有利于降低各加盟店的经营成本，获得规模效益和整体资源优势；对于连锁总部而言，这种连锁形式投资少、见效快。

自由连锁的缺点在于：各加盟店之间的联系不紧密，凝聚力弱；由于加盟店独立性强，总部集中统一运作的能力受到限制，组织结构不够稳定，发展规模和扩张速度都有局限性；决策速度慢，不利于战略规划的实施。这就要求总部维护加盟店利益，加强集中统一的管理，以克服松散的弊端。

（3）特许连锁

特许连锁（Franchise Chain）又称合同连锁、加盟连锁或契约连锁。特许连锁主要是指总部与加盟店签订合同，特别授权其使用自己的商标、商号和其他总部所独有的经营技术，在同样的形象下进行商品销售并提供附加服务。加盟店要向总部支付规定的加盟金、保证金和权利金。发展特许连锁是零售企业实现快速扩张的一条重要途径。特许连锁主要具有以下特点。

①首先要有一个特许权拥有者，它是特许连锁的主宰或盟主。

②盟主拥有特许权，特许权可以是产品、服务、营业技术、商品、商号、标识，以及其他可带来经营利益的特别权利。

③盟主与加盟者以特许权授权合同为主要联结纽带。合同是由盟主制定的定式合同，即非双方议定合同。加盟者以接受盟主所制定的合同内容为条件加盟，盟主也承诺相应的授权和义务。合同由盟主与每个加盟者一对一签订。

④加盟者对其店铺拥有所有权，即加盟者是自己店铺的老板。

⑤经营权高度集中在盟主所在的总部，加盟者必须完全按照总部（盟主）的一系列规定进行经营，自己没有经营自主权。

⑥总部（盟主）有义务教给加盟店所有经营所必需的信息、知识、技术等一整套经营系统，同时授予加盟者使用其店名、商号、商标、服务标记等在一定区域的垄断使用权，并在合同期限内不断进行经营指导。

⑦加盟者要向盟主交付一定费用，通常包括一次性加盟费、销售额或毛利提成等。

⑧特许连锁的盟主与加盟者之间是纵向关系，各加盟者之间没有横向关系，这与自由连锁与合作连锁不同。

特许连锁在自身的发展过程中，又产生了许多具体的形式。

从特许权内容的角度分为两大类：一类是属于“商品的商标特许权连锁”，即盟主将其拥有的某一专门商品或商标的经销权和使用权，授给加盟者；另一类是“经营公式（或系统）特许权”，即盟主将其拥有的可获利的经营诀窍系统，授给加盟者。前一类是初期特许连锁普遍采用的形式，后一类则是现代特许连锁广泛采用的形式，当然，有时也有交叉。

特许连锁是目前发达国家中发展最快、覆盖面最广的连锁类型，所占营业额比重也最大。这是因为，特许连锁有着十分明显的优势。对于特许权授予方（盟主），可以用较少的资金和有限人员，迅速开展事业，占领市场，扩大经营；可以获得连锁经营体系所带来的规模效益；可以以经营技术、商标、形象标识等无形资产作为特许权，一次开发投入，多次长期获利；还可以用加盟金和经营额提成等方式获得回报，收益有保障。

而对于加盟者来说，则可以获得以下好处：利用总部（盟主）成功的经验，经营受到市场欢迎认可的商品和服务，成功机会大，风险小；获得总部（盟主）持续的业务指导；享受连锁系统的广泛信息、共同性促销活动及总部的信誉和支持，获得规模效益带来的低成本好处。

当然，特许连锁也同样存在着弊端：一是加盟者失去了经营自主性，有碍积极性的发挥；二是标准化的经营要求，限制了经营的灵活性，如进货渠道受到限制等。

连锁经营三种形式的比较见表 3-3。

表 3-3　连锁经营三种形式的比较

| 方面 | 正规连锁 | 自由连锁 | 特许连锁 |
| --- | --- | --- | --- |
| 决策 | 总部决策 | 参考总部意见，分店有较大自主权 | 总部（盟主）为主，加盟店为辅 |
| 产权关系 | 总部所有 | 加盟店有独立的企业法人资格和企业的人事权、财务权等 | 加盟店有独立的企业法人资格和企业的人事权、财务权等 |
| 利益分配 | 统一核算 | 各加盟店独立核算 | 各加盟店独立核算，加盟店缴纳特许费和“定期权利金” |

续表

| 方面 | 正规连锁 | 自由连锁 | 特许连锁 |
|---|---|---|---|
| 内部关系 | 各分店是总公司的一部分，自主性最小 | 总部和加盟店是特许买卖契约关系 | 总部和加盟店是特许买卖契约关系 |
| 分店经理 | 总部任命 | 加盟店主 | 加盟店主 |
| 加盟方式 | 不允许个人加盟 | 已存在的零售商自由联合 | 出售特许权 |
| 外观形象 | 完全一样 | 基本一样 | 完全一样 |

### 零售资讯

2022 年中国连锁十强名单见表 3-4。

表 3-4　2022 年中国连锁十强名单

| 排　名 | 企 业 名 称 | 销售额（万元） | 门店数（个） |
|---|---|---|---|
| 1 | 苏宁 | 11 130 000 | 11 419 |
| 2 | 沃尔玛（中国） | 10 931 033 | 365 |
| 3 | 居然之家 | 10 541 828 | 578 |
| 4 | 永辉 | 9 798 667 | 1 045 |
| 5 | 康成 | 9 201 248 | 592 |
| 6 | 物美 | 6 991 818 | 1 578 |
| 7 | 华润万家 | 6 923 500 | 3 130 |
| 8 | 上海盒马 | 6 100 000 | 300 |
| 9 | 华联超市 | 5 747 902 | 3 352 |
| 10 | 王府井 | 4 432 100 | 92 |

# 任务 2　有店铺零售业态

## 3.2.1　便利店

### 1. 便利店的定义

便利店是一种以自选销售为主，销售小容量应急性的食品、日常生活用品和提供相关服务，以满足消费者即时性、服务性等便利需求为主要目的的小型综合零售形式的零售业态。

从总体上看，超级市场的发展为便利店提供了先进的销售方式和经营管理技术，便利店是超级市场发展到相对较成熟的阶段后，从超级市场中分化出来的一种零售业态。便利店之所以能够出现并迅速发展，一方面是由于超级市场的发展有其自身难以克服的障碍；另一方面还在于随着人们生活水平的提高和生活节奏的加快，消费者的生活方式和购物方式发生了很大变化，主要体现在对“购物便利”的强烈需求，而便利店正是能够满足这种需求的零售业态。

### 2. 便利店的特征

以“小、灵、便”为特点的便利店与“大、全、廉”为特点的超级市场，在业态上可以形成互补，两者在商品规模和品种等方面都有很大的差异。根据国外衡量标准和国内有关规范，便利店有以下五个特征。

（1）选址在居民区、交通要道、娱乐场所、办公区等消费者集中的地方，步行购物 7 分钟以内可到达便利店。

（2）商店面积不大，一般为 100 平方米左右。

（3）经营品种以速成食品、饮料、小百货为主。

（4）以开架自选为主，运用收银机，统一办理结账。

（5）营业时间较长，一般在 16 小时以上，甚至 24 小时，终年无休。

### 3. 便利店的类型及特点

便利店的类型及特点见表 3-5。

**表 3-5　便利店的类型及特点**

| 便利店类型 | 选　址 | 商圈与目标消费者 | 商品（经营）结构 | 服务功能 |
|---|---|---|---|---|
| 社区型便利店 | 位于社区周边 | 主要消费者为社区内常住人员，客流稳定 | 以日常生活用品、饮料、烟酒、应急性商品以及部分生鲜商品为主。根据社区档次的不同，商品结构有所不同 | 营业时间通常在 16 小时以上，可提供线上订货及多种便民服务 |
| 客流配套型便利店 | 位于火车站、码头、地铁站等公共交通枢纽及景点、商业中心等人流量较为密集的区域 | 消费者群体以上班族和出游人群为主 | 以饮料、香烟、即食商品、休闲食品、报纸杂志为主，位于旅游景点的店铺销售旅游纪念品 | 以提供即食商品服务（早餐、盒饭）、手机充电、上网等服务为主 |
| 商务型便利店 | 位于写字楼集中的区域及周边 | 消费者群体以收入较高的商务人士为主 | 以鲜食盒饭、即食商品、现冲饮料、新鲜水果、功能性饮料、时尚小商品为主 | 提供早、中、晚即食商品，以及上网等服务 |
| 加油站便利店 | 加油站内 | 消费者群体以司乘人员为主 | 以食品、饮料、香烟、应急商品、汽车养护用品为主 | 提供 ATM 取款等金融服务，以及洗车等汽车相关服务 |

### 4. 便利店的发展

作为一种零售业态，便利店起源于美国，兴起的主要原因是在超级市场步入大型化与郊外化后，给消费者带来在距离、时间、商品、服务等诸多方面的不便利。

超级市场远离消费者的居住区，到超级市场购物需驾车前往；超级市场卖场面积巨大，商品品项繁多，消费者要花费大量的时间和精力挑选商品，且还需忍受“大排长龙”等候结账之苦。

以上种种都使那些想购买少量商品或满足即刻所需的消费者深感不便。

由此，促成了便利店的出现。1946 年，世界上第一家便利店成立，当时它的营业时间是从早上 7 点到晚上 11 点。目前这家便利店的营业时间已演变成 24 小时，而且每周 7 天营业，仍沿用原本便利店的名称。

我国便利店起步较晚，但发展速度迅猛。1995 年 1 月，上海牛奶公司开设的“可的食品”便利店，以及后相继出现的“华联”“罗森”便利店等成为我国第一批出现的便利店。

从总体上来看，便利店是超级市场发展到相对较为成熟的阶段后，从超级市场中分化出来的一种零售业态。

#### 零售资讯

2022 年我国便利店行业市场规模达 3 834 亿元，同比增长 9.8%。随着便利店行业的支持政策推行，居民可支配收入、消费能力及中国城镇化率稳步提升，我国便利店行业市场规模将持续扩大。便利店种类齐全的产品和便民服务，一定程度满足人们的多时段、多场景的需求，符合一线城市消费者快节奏的生活方式，“一线城市”和“年轻化”成为便利店高频消费者群体的标签。随着人工智能、物联网等技术的发展，便利店行业在这些高新技术的赋能下，将往品牌连锁化、数字化及消费情景多样化发展，从而能够有效降低运营成本，实现精准营销，提高营运效率。

## 3.2.2 超级市场

### 1. 超级市场的定义

超级市场是实行自助服务和集中式一次性付款的销售方式，以销售包装食品、生鲜食品和日常生活用品为主，满足消费者日常生活需求的零售业态。超级市场最初经营的主要是各种食品，随后经营范围日益扩展，逐渐扩展到服装、家庭日用杂品、家用电器、玩具、家具及医药用品等。通常采取开架销售形式，也可同时采取在线销售。超级市场内可提供食品现场加工服务及现场就餐服务。

### 2. 超级市场的特征

（1）超级市场商品规格统一。超级市场的商品均事先以机械化的包装方式分门别类地按一定的重量和规格包装好，并分别摆放在货架上，明码标价。

（2）超级市场内的商品品种齐全。消费者可以在一个商场内购买到日常生活所需的大部分商品。

（3）消费者实行自我服务。超级市场采取开架自选的售货方式，一般在入口处备有手提篮或手推车供消费者使用，消费者可以随意挑选商品，并到出口处收款台统一结算。

（4）超级市场使用电子设备，便于管理人员迅速了解销售情况，及时保存、整理和包装商品、自动标价、计价等，提高了工作效率。

（5）具有一定规模，店址主要设在居民住宅区或郊区。

### 3. 超级市场的类型及特点

超级市场的类型及特点见表 3-6。

表 3-6　超级市场的类型及特点

| 超市类型 | 选址 | 商圈与目标消费者 | 规模 | 商品（经营）结构 |
|---|---|---|---|---|
| 大型超市 | 市、区商业中心或城乡接合部，交通要道及大型居住区 | 辐射半径 2 km 以上，目标消费者以居民、流动消费者为主 | 6 000 $m^2$ 及以上 | 各类生活用品、包装食品及生鲜食品，一次性购齐，注重自有品牌开发 |
| 中型超市 | 市、区商业中心，居住区 | 辐射半径 2 km 左右，以商业区目标消费者、社区便民消费为主 | 2 000～5 999 $m^2$ | 日常生活用品、包装食品及生鲜食品，单品数少于大型超市 |
| 小型超市 | 市、区商业中心，居住区 | 辐射半径 1 km 左右，以社区便民消费为主 | 200～1 999 $m^2$ | 包装食品及生鲜食品为主，提供日常生活必需品 |

### 4. 超级市场的产生背景

1930 年 8 月，世界上第一家超级市场“金·库仑”在美国纽约开业。它的出现被称为零售业的第三次革命，为零售业整个销售方式带来了变革。超级市场的真正大发展是在第二次世界大战以后，总销售额很快就超过了百货商店，是零售业的主干力量。

超级市场的出现和发展现在看有其历史的必然，产生背景有以下三个方面。

（1）经济危机是超级市场产生的重要因素。20 世纪 30 年代席卷全球的经济危机造成居民购买力严重不足，零售商店纷纷倒闭，生产大量萎缩，店铺租金大幅降低，超级市场利用这些租金低廉的闲置建筑物，采取节省人工成本的自助购物方式和薄利多销的经营方针，降低了售价，因此受到了当时被经济危机困扰的广大消费者的欢迎。

（2）生活方式的变化促成了超级市场。第二次世界大战后，越来越多的妇女参加了工作，随着人们生活、工作节奏加快，加上城市交通拥挤，原有零售商店停车设施落后，许多消费者希望能到一家商场，停车一次就能购齐一周所需的食品和日用品，超级市场正是满足消费者的这种要求而产生的。

（3）技术进步为超级市场的产生创造了条件。制冷设备的发展为超级市场储备各种生鲜食品提供了必要条件，包装技术的完善为超级市场中的消费者自选提供了极大的方便，而后来的电子技术在商业领域的推广运用，更是提高了超级市场利用电子设备，提高售货机械化程度。此外，冰箱和汽车在西方家庭中的普及，使消费者的大量采购和远距离采购成为可能。

超级市场标志着一场零售革命的爆发，打破了传统的柜台的售货方式，实行开架模式，自助服务，避免了传统柜台售货一对一接待，使其他消费者受到冷落或耽误时间的情况。开架售货让消费者与商品零距离接触，给消费者充分自由挑选的机会，让消费者尽情尽意，反复对比，择优选购。超级市场采用的自选购物方式，作为一个重要的竞争手段不仅冲击了原有的零售业态，还影响了新型的零售业态，后来出现的折扣商店、仓储会员商店、便利店等都采取了开架自选或完全的自我服务方式。

## 零售资讯

中国连锁经营协会发布了《2023 年中国超市 TOP 100》榜单，沃尔玛（中国）、永辉超市、康成投资（大润发）、华润万家（华润万家、Ole、华润苏果）、盒马、物美集团（物美、麦德龙）、联华超市（联华、世纪联华、华联）、家家悦（家家悦、世伴）、中百仓储（中百仓储、中百超市）、钱大妈位列前十（见表 3-7）。

表 3-7　2022 年中国连锁超市十强名单

| 排　名 | 企 业 名 称 | 销售额（亿元） | 门店数（个） |
|---|---|---|---|
| 1 | 沃尔玛（中国） | 1 202 | 365 |
| 2 | 永辉 | 856 | 1 009 |
| 3 | 康成投资（大润发） | 772 | 528 |
| 4 | 华润万家 | 625 | 2 694 |
| 5 | 盒马 | 590 | 360 |
| 6 | 物美集团 | 566 | 1 122 |
| 7 | 联华超市 | 526 | 3 356 |
| 8 | 家家悦 | 298 | 917 |
| 9 | 中百仓储 | 205 | 881 |
| 10 | 钱大妈 | 137 | 2 936 |

### 3.2.3 折扣店

#### 1. 折扣店的定义

折扣店是指店铺装修简单、提供有限服务、商品价格低廉的一种小型超市业态，通常拥有不到 2 000 个单品，自有品牌商品数量高于普通超市的自有品牌商品数量。这种商业模式起源于美国，其核心就是销售折扣商品，既要让消费者买到低价实惠的商品，也要让品牌赚钱，所以在铺面租金等方面折扣店给出的价格要低于一般商场。

折扣店选址一般都在距离城市中心有一些距离的地方，且具有一定规模。这样既不影响品牌正价商品的销售，也可以降低运营成本。此外，折扣店还提供停车、餐饮等配套服务，以吸引消费者。

#### 2. 折扣店的特征

折扣店一般采用小规模、自助服务的方式进行运作，经营面积一般在 300～500 平方米，店面设在中低收入的居民区。折扣店具有以下几方面的经营特征。

（1）经营范围

折扣店的店面一般开设在社区周围，目标客户以工薪阶层、中等收入的社区居民为核心。由于我国经济发展水平的限制和生活习惯的原因，折扣店在较高档的社区也有一定的市场。经营的商品包括中档日用基本消费品、便利品和生鲜食品。

（2）竞争优势

折扣店的基本战略定位是低价和便利。低廉的产品价格是竞争的立足点，这就要求折扣店能够从各个方面降低管理成本，包括商品的采购、存储、流通、店内陈列和销售等方面。另外，选址靠近居民区，远离商业中心，既可以压缩店面租金成本，又存在巨大的地缘优势。

折扣店经营很重要的一点就是降低成本，一方面是降低企业运营成本，节约管理费用；另一方面是加强与供货商的合作，直接从厂家进货，同时生产大量自有品牌商品，从而实现低价销售。而在商品的品种选择上也必须符合当地消费者的消费能力，同时针对周边竞争对手的情况，做出商品结构的调整。

#### 3. 折扣店的类型

欧洲折扣店有以下两种类型。

（1）硬折扣店业态

店铺面积小，商圈范围小，以销售食品及自有品牌为主，兼顾经营周转快的商品，建立排他性的商品供应链，限定销售品种，一般经营面积在 300～600 平方米，经营品种为 500～800 个，以有限的服务和较低的经营成本，向消费者提供“物有所值”的商品。相比软折扣而言，硬折扣更加“纯粹”，更加坚守折扣店的一些特性：SKU 数更少，自有品牌商品占比更高，更加坚持低价策略。

（2）软折扣店业态

店铺面积较硬折扣店铺的大，商圈范围较大，商品结构较宽，以经营食品为主，也兼顾经营一部分鲜活商品，经营品种在 1 000～1 500 个，并有相当部分的自有品牌商品。

### 知识拓展

SKU（Stock Keeping Unit）最小存货单位，即库存进出计量的基本单元，可以以件、盒、托盘等为单位。SKU 是大型连锁超市 DC（商品发货中心）物流管理的一个必要的方法。2023 年已经被引申为产品统一编号的简称，每种商品均对应有 SKU 号。

## 3.2.4　仓储会员店

### 1. 仓储会员店的定义

仓储会员店是以会员为目标消费者，实行储销一体、批零兼营，以提供基本服务、优惠价格和大包装商品为主要特点的零售业态。

### 2. 仓储会员店的特征

这种业态具有如下四个特征。

（1）选址在城乡接合部，但交通便利性强，并有大型停车场。

仓储会员店选址一般远离市区，在交通便利的郊区建店，用地成本低或租金低，以维持低价经营。由于其目标消费者很多都是开车而来的，所以仓储会员店需要提供大型停车场方便消费者。

（2）仓储场所和销售场所合二为一。

仓储会员店的经营模式：货物不需要进行储存，而是直接将货物摆上货架，集销售场所与仓储场所于一处，不需另设仓库，只进行简单装修，以最少的投资建造最实用的大型商场，也免去了货物存放和货物的第二次运输，节省了不少费用。仓储会员店营业面积大，仓内净空高度较高。

（3）批量销售，价格低廉。

在商品销售过程中，鼓励消费者批量购买，对批量购买的消费者实行价格折扣政策，从而扩大了商品销售，加快了资金周转。特别是其销售的大包装式商品深受双职工家庭和大部分在校住宿学生的青睐，这部分消费者由于时间关系，无法经常去购物，加上还可以享受打折优惠，因此“大件”式的购买越来越受欢迎，“大件”销售成为仓储会员店一个新的优势。

（4）目标消费者以中小零售店、餐饮店、集团购买和流动消费者为主。

大多数零售业态的目标消费者是无差异性的，即服务对象是全体普通消费者，消费者短期内的重复购买率高，但每次的购买量不大，多为临时性、随机性消费行为。而仓储会员店的目标消费者比较明确，针对“有限”消费者，即中小零售店、餐饮店、集团和流动消费者。

### 3. 仓储会员店的发展

仓储会员店 1968 年起源于荷兰，最具代表性的是 SHV 集团的“万客隆”（Makro），获得消费者认同后很快风靡全球，在西方商业经济发展中已成为一种行之有效的经营方式。

美国仓储会员店销售概念是由“价格俱乐部”（Price Club）的创始人 S. 普莱斯于 20 世纪 70 年代提出的。普莱斯最初的设想是建立一个购物俱乐部，将会员零散的购买力集合起来，统一直接向生产厂家大批量订货，在省去中间分销商及批发商的层层附加成本的同时，又可从厂家获得更大的价格折扣，商品销售给会员的零售价格降到可能实现的最低水平。1976 年，他们在美国圣地亚哥开办了第一家“价格俱乐部”。俱乐部的会员们感受到了一种从未体验过的购物氛围，价格俱乐部的商品多以大包装的形式摆放在屋顶下的钢制货架上，漫步其中就好像走进了一座大型的储货仓库。仓储会员店大多数商品的零售标价比其他传统超市和商场的零售标价低很多，按通常的市场规律，食品百货店的毛利率（进销差价）在 20%～25%之间，有些超级市场甚至高达 40%，而仓储会员店的毛利率仅为 8%～10%。“价格俱乐部”的仓储会员店所售商品品种保持在 3 000 种左右，但却都是当地市场上最畅销的商品。这种大规模、仓储式、会员制、精选商品、连锁销售的形式一经出现，就在北美地区备受欢迎，随即发展成为一种新型的商业形式。由于西方经济持续通胀，美国消费者的购物习惯也在不知不觉中发生着变化，原来追求高档、舒适、时髦的购物风尚有所收敛，经济、实惠的购物追求增多。于是，20 世纪 70 年代，在美国萌芽的购物俱乐部就以其独特的魅力吸引了越来越多的家庭主妇，而以家庭为单位的生活消费则成为这种销售形式的一个主要客源。现在，仓储式会员店在美国已形成相当规模。

我国的仓储会员店起源于 1993 年，第一家仓储会员店“万客隆”在广州开业，并取得成功，开业仅 10 个月，销售额便突破 2 亿元。随后，深圳、北京、天津、上海等城市的仓储会员店相继开业。其共同特点是价格低廉、品种丰富、低成本、低毛利、高销量、科学管理。

## 零售资讯

近日，中国曾经的“连锁超市之王”入局仓储会员店的消息占据各大零售行业媒体头条。这不仅表明传统商超企业在新的时代环境、消费环境下，已经遭遇增长瓶颈，也向行业内众多“跟随者”传递出一个信号：仓储会员店或将成为传统商超卖场转型的重要方式。

随着它的入局，仓储会员店赛道变得更加拥挤。目前国内仓储会员商主要分为两类：一类是付费会员制；另一类则是“免费”式仓储会员店，并不向会员收取会员费用。

虽然都是仓储会员店，但会员资格的付费与否也直接决定了服务对象、运营侧重方向与主要盈利来源。公开资料显示，目前国内付费制仓储会员店会员费用约 200 元，而这足以将一大部分消费者排除在仓储会员店的目标服务对象之外。付费制仓储会员店会员多为家庭有车一族，一次购物便可满足 1～2 周的家庭需求，消费特点呈现“高价低频”，单次购物消费金额往往都高达数百元乃至千元以上，会员费用也成为此类仓储会员店的主要利润来源之一，这些商店也更加注重对会员的服务与运营。

非付费制仓储会员店则将重心放到了仓储式销售上，其卖点是商品性价比。依靠供应链能力，以采购能力压低商品毛利，给消费者让利，同时实现薄利多销。非付费制仓储会员店吸引的是普通消费者，与付费制仓储会员店相比更加平民化、接地气，其主要利润来自商品销售价差，因此更加注重商品的运营。

表面上来看，精选 SKU 数量，家庭装、量贩装等包装成为仓储会员店的标配，而其背后的库存周转速度、供应链、选品、人群定位等核心逻辑才是仓储会员店的核心竞争力，绝非简单地沿用大卖场时期的供应链和包装容量上的调整与改变。在消费导向、渠道愈加碎片化的今天，能否持续为会员们提供高附加值的产品和服务，不断放大会员价值，已成为仓储会员店不得不思考的问题。毫无疑问，仓储会员店给当下的消费者提供了一种全新的消费体验和购物选择。因为付费，消费者也就对仓储会员店有了更高的黏性和期待，而仓储会员店能否为消费者提供更具增值的服务和更具性价比的产品，对于很多本土仓储会员店来说目前或许还有着很大的挑战和不确定性。

## 3.2.5 百货店

### 1. 百货店的定义

百货店是指在一个大建筑物内，根据不同商品部门设销售区，以经营品牌服装服饰、化妆品、家居用品、箱包、鞋品、珠宝、钟表等商品为主，统一经营，满足消费者对品质商品多样化需求的零售业态。

### 2. 百货店的特征

百货店的首创性：消费者自由进出、商品明码标价、可以退换商品、实行低价策略、毛利率在 14%～20%之间。根据我国《零售业态分类规范意见（试行）》，百货店有如下特征。

①百货店内按商品的类别设置商品部或商品柜，实行专业化经营。

②经营范围广泛，商品种类多样，花色品种齐全，以经营男装、女装、儿童服装、服饰、衣料、家庭用品为主。

③采取少批量、定价销售。

④采取柜台销售与开架销售相结合的方式。

⑤商店设施较好，店堂典雅、明快。

⑥服务功能齐全，设有餐饮、娱乐等服务项目和设施。

⑦服务质量较高，可以退货。

百货店相对于当时传统零售商店来说，在下面几个方面表现出了质的飞跃。

（1）销售方式上的根本性变革

百货店是世界商业史上第一个实行新销售方法的现代销售组织，其新型销售方法概括起来有如下几项。

①消费者可以毫无顾忌地、自由自在地进出商店。

②商品销售实行“明码标价”，商品都有价格标签，对任何消费者都以相同的价格出售。

③陈列出大量商品，以便于消费者任意挑选。

④消费者购买的商品，如果不满意时，可以退换。

这些销售方式，在现在看来虽然是一件十分平常的事情，但它是由百货商店的诞生及其对零售销售的变革而来的。

（2）经营管理上的根本性变革

当时出现的百货店最大的一个特点是设有若干不同的商品部，这些商品部就像是一个屋顶下的“商店群”，即把许多商品按商品类别分成部门，并由部门负责组织进货和销售。被誉为“百货商店之父”的 A. 布西哥创造的这种方法成为现代百货店的一般经营管理方式。在此之前，传统的城市零售店和乡村杂货店都由店主亲自营业，自行负责人、钱、物的管理。百货店与此有根本性的不同，由于同时经营若干系列的商品，企业规模庞大，经营活动分化成相对独立的专业性部门，实行分工和合作。管理工作则是分层进行的，企业制订统一的计划和组织管理原则，然后由若干职能管理部门分头执行。所以，百货店是按商品系列实行分部门、分层次组织和管理的。在后来的发展过程中，虽然百货店的发展经历过一些波折，特别是反垄断与反不正当竞争法在一定程度上限制了大型百货店的扩张，但百货店一直是零售领域的一种基本形式，至今仍然占有重要的市场地位。

### 3. 百货店的分类

中国的百货店按照规模大小分为三类。

（1）大型百货店。营业面积在 5 000～10 000 平方米，员工 500 人以上，经营品种在 1.5 万～4 万种。

（2）中型百货店。营业面积在 1 000～2 000 平方米，员工 200～400 人，经营品种在 1 万种左右。

（3）小型百货店。营业面积在 200 平方米左右，员工十几人至几十人，经营品种十种至几百种。

### 4. 百货店的发展

1852 年，在法国出现了世界上第一家百货店——乐蓬马歇百货公司，这是世界商业史上第一个实行新经营方法的百货店。创始人以创新的经营方式对传统的零售业进行了重大改革。摆脱了小店的经营方式，消除了旧零售店的许多恶习，适应了当时经济发展的需要，随后百货店风靡世界。1858 年梅西百货店在美国创立，德国在 1870 年诞生了尔拉海姻、里尔曼和奇茨等百货店，英国创立了哈罗兹百货店，一场以百货店为标志的零售革命在世界范围掀起。

百货店的发展经历了三个阶段。1880—1914 年是百货店的发展期，营业额迅速增加，坚持薄利多销策略，毛利率限定在 14%～20%之间，经营的商品以大量日常用品为主，并开始注重店面布置和商品展示。1914—1950 年是百货店的成熟期，许多新的零售业态形式如连锁商店、杂货店等开始出现。百货店面临威胁，但仍保持着优势地位，其主要经营措施是增加向消费者提供的服务，实行集中购买，开办各种分店和特许经营店。1950 年以后为百货店的衰落期，在这期间百货店之间竞争激烈，其他销售形式也蚕食着百货店的地盘，廉价商店、专业商店、超级市场的发展势如破竹，使百货店面临困境。

20世纪50年代，西方传统百货店从成熟期走向衰退期，多数企业面临经营困境。分析造成经营困难的原因主要有：百货店之间竞争激烈；其他零售业态迅速成长起来，纷纷蚕食百货店的市场份额；选址在城市中心，由于市中心的人口向郊区迁移，城市交通拥挤，停车困难，人们去市中心百货店购物的欲望逐渐降低；对价格敏感的消费者比过去任何时候都多，他们被折扣店所吸引；传统百货店在消费者市场细分方面表现优异，经常改变其战略方向，或其管理有时过于分散化，导致它们在消费者心目中的形象过于模糊。

我国第一家百货店是1900年开设的哈尔滨秋林公司。当前，百货店是中国城镇零售业态的一种重要形式。我国的百货店是否与西方发达国家一样步入了衰退期？对此，各方面人士持不同观点。尽管不少人对我国百货店的发展持悲观态度，但许多学者仍然认为我国百货店尚未进入衰退期，只是处于成熟期，原因如下。

（1）百货店总体业绩不佳，但主体地位仍未改变。近几年百货店总体业绩不佳，但它们仍占据零售业的主体地位。根据对相关零售的统计，百货店销售额占零售总额的57.4%，这说明我国百货店仍然是零售市场的主力业态。而美国的百货店的零售额只占7%～10%，而且还有下降的趋势。

（2）我国城市居民集中在市区。中国人比较倾向于在市区居住，加上大量的农村人口涌入城市，导致我国城市的人口密集程度比较高，这是我国百货店发展的一个很好的客观条件。

（3）我国百货店走过的道路与国外不同。我国百货店是在计划经济下奠定的基础，改革开放后，因消费潜力急剧增长，导致百货店盲目开设。经过几十年的发展，我国由“短缺”经济进入“过剩”经济，消费者购买力的增速有所减弱，势必导致百货店进行大调整。

（4）中国人的消费习惯与外国人不同。在国外，由于工作节奏比较快，人们去购物大多是一次完成。而我国消费者历来有逛商场的习惯，特别是女性，甚至把节假日消费作为一种休闲娱乐，这是百货店发展的前提条件。

处于成熟业态的百货店在西方发达国家已经开始走下坡路，西方一些百货店就此一蹶不振，破产倒闭，而有些百货店纷纷进行一系列改革：进一步确定市场上的定位；进一步突出顾客服务和销售人员服务；推出令人激动的店内环境和商品展示；通过缩小商店的营业面积，减少周转慢且占据空间大的商品，提高营业空间利用率；在城镇购物中心开设分店；提升采购和促销功能，更有效地接近消费者。这些百货店积极进取，不断创新，再次收复市场份额，依旧叱咤风云。

随着社会经济的不断发展，百货店的经营方向和经营内容呈现出两个新的发展趋势：一是经营内容多样化，除销售商品外，还附设咖啡厅、餐饮部、书吧、展览厅、母婴服务区、停车场、休息室、电话间等多种服务设施；二是经营方式灵活化，除零售外，还兼营批发，并设立各种廉价柜、折扣柜，以满足消费者的多层次需求，提高商店的竞争能力。

## 3.2.6 购物中心

### 1. 购物中心的定义

购物中心是指在一个大型建筑体内，由企业有计划地开发、拥有、管理和运营的各类零售业态、服务设施的集合体。购物中心的出现，给人类社会的生活带来了巨大变化，是现代生活的重要组成部分。它适应了现代社会高效率、快节奏的需要，满足了人们购物与休闲活动相结合，以及对购物环境舒适性与安全性的要求，成为名副其实的现代购物的乐园。

### 2. 购物中心的特征

（1）统一管理

由发起者有计划地开设，实行商业型公司管理，中心内设商店管理委员会，共同开展广告宣传活动，实行统一管理。商圈根据不同经营规模、经营商品而定。

（2）结构多样

内部结构由百货店或超级市场作为核心店，并由各类专业店、专卖店等零售业态和餐饮、娱乐设施构成，设施豪华、店堂典雅、宽敞明亮，实行卖场租赁制。

（3）功能齐全

服务功能齐全，集零售、餐饮、娱乐于一体。根据销售面积设立相应规模的停车场。地址一般设在商业中心区或城乡接合部的交通枢纽交会点。目标消费者以流动消费者为主。

### 3. 购物中心的类型

（1）国际购物中心协会把购物中心分为两大类型

①带状中心

这类购物中心在前面有一个大的停车场，以各种开放式的小路连接各个专卖店。这种类型的购物中心没有封闭的道路和大型屋顶式零售商场。

②摩尔（Mall）

在这类购物中心，消费者能把车停在地下车库或其他地方，然后步行进入购物中心。购物中心是一个巨大室内购物场所，各类专卖店由封闭的道路连接，而且 Mall 的转角上一般都是大百货店、大超市、大专业卖场。

（2）我国购物中心的类型

我国购物中心的类型及特点见表 3-8。

表 3-8　我国购物中心的类型及特点

| 购物中心类型 | 选　　址 | 商圈与目标顾客 | 商品（经营）结构 |
|---|---|---|---|
| 都市型购物中心 | 城市的核心商圈或中心商务区，街区型或封闭型建筑结构 | 商圈可覆盖甚至超出所在城市，满足顾客购物、餐饮、商务、社交、休闲娱乐等多种需求 | 购物、餐饮、休闲和服务功能齐备，时尚、休闲、商务、社交特色较为突出 |
| 区域型购物中心 | 城市新区或城乡接合部的商业中心或社区聚集区，紧邻交通主干道或城市交通节点，以封闭的独立建筑体为主 | 辐射半径约在 5 km 以上，满足不同收入水平消费者的一站式消费需求 | 购物、餐饮、休闲和服务功能齐备，所提供的产品和服务种类丰富 |
| 社区型购物中心 | 位于居民聚居区的中心或周边，交通便利，以封闭的独立建筑体为主 | 辐射半径约在 3 km 以内，以满足周边居民日常生活所需为主 | 以家庭生活、休闲、娱乐为主，配备必要的餐饮和休闲娱乐设施，服务功能齐全 |
| 奥特莱斯型购物中心 | 在交通便利或远离市中心的交通主干道旁，或开设在旅游景区附近，建筑形态为街区型或封闭型 | 辐射所在城市或周边城市群，目标消费者为品牌拥护者 | 以品牌生产商或经销商开设的零售店为主体，以销售打折商品为特色 |

### 4. 购物中心的发展

欧美国家的购物中心最早出现于 20 世纪 50 年代，在 20 世纪 80 年代获得了极大的发展。因为城市中心人口的大量外迁，市中心的“空城”化使城乡接合部的各种购物中心如雨后春笋般地出现，对新一轮的商业业态的发展起到了极大的促进作用。

我国的购物中心目前仍处于起步阶段。在 20 世纪 80 年代末 90 年代初，我国一些城市已经出现了购物中心招牌，但有的与购物中心名不副实，与百货店没有太大差异。20 世纪 90 年代中期，大城市相继出现了较为规范的购物中心，如北京的新东安、广州的天河城、武汉的武汉广场、沈阳的东亚广场等，这些购物中心一般位于城市中心区，具有购物与娱乐等综合功能，基本具备了购物中心的特征。

进入 21 世纪，我国购物中心开始热起来，各大城市的政府商业发展规划纷纷将购物中心的建设列为重点。《北京市“十四五”时期商业服务业发展规划》曾经提出，鼓励投资商或大型商业集团在京城的西北、东南、东北和西南兴建 4 家面积在 20 万平方米的大型购物中心。上海市购物中心呈现多元化发展趋势，广东省各城市也纷纷将购物中心列为城市商业发展的一个重点投资项目，并积极鼓励开发。目前，除了大型购物中心，规模适中的社区型购物中心也是人们关注的热点。

## 3.2.7　专业店

### 1. 专业店的定义

专业店一般是指经营一类或几类商品，拥有专业知识丰富的销售人员，可提供适当的售后服务，以满足消费者对某大类商品选择需求的零售业态。如服装店、家具店、花店、药品专业店、体育用品专业店、家居建材商店等。

### 2. 专业店的特征

（1）选址多样化，多数设在商业中心、商店街或百货店、购物中心内。

（2）营业面积根据主营商品特点而定。

（3）商品结构体现专业性、深度性，品种丰富，选择余地大，主营商品占经营商品的 90% 以上，能深度满足消费需求，所经营的商品、品牌具有自己的特色。

（4）有明确的目标市场，针对性强。

（5）经营方式灵活，多与厂家合作；经营特色明显，个性化突出；采取定价销售和开架销售模式。

（6）销售人员对所售商品有相当的专业知识，可以为消费者提供系列化的售前、售中、售后服务。

### 零售案例

2023 年 3 月 16 日，为加速全球发展，深耕东盟空调市场及专业渠道，国产某品牌空调品牌专业店在马来西亚首都吉隆坡隆重开业。专业店积极探索专业渠道，以健康、高质量、可持续增长的新模式，践行全球业务本地化战略。

该空调专业店是经品牌方总部认证的经销商门店，提供从售前、售中到售后的一站式专业化、高标准服务，就像是空调行业的“4S 店”。门店主张“My Professional Cool Idea”，基于研产销本地化的持续深化，联手经销商，为本地专业渠道客户及用户提供更因地制宜的专业制冷解决方案及服务保障。

## 3.2.8　品牌专卖店

### 1. 品牌专卖店的定义

品牌专卖店指专门经营或授权经营制造商品牌，适应消费者对品牌选择需求和中间商品牌的零售业态。专业店与专卖店有本质的区别，前者专门经营某种或某类商品，后者则专门经营某种品牌的系列商品。

### 2. 品牌专卖店的特征

（1）选址在繁华商业区或百货店、购物中心内。

（2）营业面积根据经营商品的特点而定。

（3）商品结构以著名品牌和大众品牌产品为主。

（4）销售体现在量小、质优、高毛利方面。

（5）商店的陈列、照明、包装和广告讲究。

（6）采取定价销售和开架销售方式。

（7）注重品牌声誉，从业人员具备丰富的专业知识，并提供专业的服务。

### 3. 品牌专卖店的发展

专卖店在中国获得迅速发展的主要原因：一是随着国内工业生产的高速发展，已经出现了一批知名度和美誉度较高的名牌商品，加上国际著名品牌的进入，各自形成了一定的忠实消费群；二是随着收入的增长，消费者品牌意识逐渐提高，对假冒伪劣商品的担忧，使消费者更相信专卖店商品；三是制造商利用开设专卖店来开辟新营销渠道，控制营销主动权，实施整体营销策略，树立品牌形象。

## 3.2.9 集合店

### 1. 集合店的定义

集合店是指汇集多个品牌及多个系列的商品，可涵盖服饰、鞋、包、文具、电子产品、食品等多种品类的零售业态。近几年，我国零售终端竞争日益加剧，集合店已成为一股强大的新生力量。集合店随处可见，美妆集合店、玩具集合店、生活用品集合店、潮流集合店等逐步占领了年轻人的消费视野。

### 2. 集合店的优势

（1）品牌集合，多元互补

集合店与单一品牌的实体专卖店相比，具有品牌集合、多元互补、为消费者提供“多层次、多风格、多场合、多角色”的综合选择等特点，能够满足不同消费者的差异化需求，以及同一个人在不同时期的不同需求。消费者在一家集合店里可以根据自己的喜好，挑选不同品牌、不同品类的商品，集合店提供了多元互补的品牌商品，能够满足消费者更多的消费需求。

（2）关联搭配，系统融合

集合店是商品极大丰富的有机组合，是商品的系统化呈现，商品与商品之间有着极强的关联与搭配。一家统一名字的集合店内，汇集多个品牌的产品，关联搭配更有吸引力，商品类型可涵盖服装、鞋、包、首饰、手表等多个品类。虽然每个品牌的风格与设计理念不尽相同，但商品却实现了系统化、互相融合、优势互补。

（3）主题明确，节省时间

年轻消费群体是零售市场的主力客群。这些客群追求时尚潮流的鞋服品牌，具有很强的品牌意识，却没有太多逛街时间。而集合店便能帮助消费者解决如何在最短时间挑选到最值得购买的商品的难题。

（4）产品丰富，延长停留

集合店网罗了各种人们所需要的产品，拥有不同品牌的商品集合销售模式。其多样化的产品，能有效提升商品的丰富度，延长消费者停留时间。消费者选择的余地大了，停留的时间自然就长了。

（5）成本下降，利润提高

在经济萧条，租赁成本和人力成本不断攀升的情况下，仅经营单个品牌，一般情况下很难有大的利润，这就是包括达芙妮在内的许多品牌大量关店的原因。集合店品类不仅更具针对性，将同类产品归集一处，为消费者提供更方便的一站式购物，还集合店平均客流通常为单品牌店铺的两倍，甚至更多。

（6）共享客流，突出个性

现今的消费者都比较注重个性化、时尚化、特色化，单品牌大众化、无特色的商品很难抓住消费者的心，也很难在客流量稀少的实体店里获得大利润。集合店中的多品牌商品可以共享客流，相互促进，共同提升集合店的品牌影响力。同时，有比较才有鉴别，多品牌在一起，有了比较，能突出集合店中各品牌的个性，消费者也可以在多品牌集合店中选择到符合自己个性的商品。来自全球各地的品牌汇集的集合店，能满足不同消费者的多元化需求，是当前新零售下最热门的商业模式。

### 3. 集合店的类型

（1）买手类集合店

买手类集合店最早出现在 20 世纪 50 至 60 年代的欧洲，多数以“买手”的眼光和趣味为基调，从全球搜罗符合自己审美和店内概念的产品，将它们集中进行陈列和售卖。这种店铺的面积一般不会特别大，主要以属于同一风格的多品牌多品类商品为主要组合方式。这类集合店销售的大多数都是一些定位一致或者是颇具潜力的非知名高端品牌商品，所有商品都能准确地阐述店铺的文化定位、遵循一致的店铺风格，彼此之间有着很和谐的关联性。

### 零售资讯

买手类集合店近两年在中国市场发展迅速。国际商品、个性潮流商品等可以满足不同消费需求的买手店在上海、深圳、北京等地多家城市级大型购物中心均可见，它们不仅带来诸多时尚服饰品牌、国际品牌和时尚潮牌，还在门店设计上营造场景化消费沉浸感，充分满足时尚人群的消费需求。

（2）生活方式类集合店

生活方式类集合店又称为“LIFE STYLE STORE”，即以某种生活形态为店铺定位，产品全部围绕这类形态组合而成。在产品线上，一般会以全系列的方式呈现，包含服饰、配饰、鞋包、文具、数码产品、生活杂物等产品，有的还打造餐饮、咖啡、书吧、茶吧等社交场景，甚至画廊、酒店等经营类别，形成真正意义上的全方位综合型生活方式类集合店。

（3）品牌自营类集合店

品牌自营类集合店是传统百货店的缩影，又称“小型百货”，一般占地面积在 1 000～5 000 平方米。其在经营模式上有的地方与百货店相似，但是在合作方式上又有差异，如当品牌的店员入驻店铺时，是由品牌方安排而非店铺方。在品牌的发展过程中，不少品牌往往通过多品牌的形式进行业务布局，从而增加更多的收益来源。

### 零售案例

整合企业旗下品牌资源的集合店，如 Y 企业力求全方位满足女性的着装需求，将旗下 6 个品牌的全线产品进行集合，开设品牌集合 CLUB。另一家运动品牌全球首家全新概念店为满足不同属性消费者的需求和体验，在约 1 700 平方米的超大购物体验空间里，集结了品牌全系列多品类产品，包含联名系列、风神花语系列、休闲商务系列、高尔夫系列等。

（4）购物中心自营类集合店

购物中心一直以来面临的一大挑战是“避免同质化，打造差异化”。受外部环境影响，部分品牌在店铺拓展方面更趋保守，进一步加大了招商难度，由此不少购物中心开始打造自营类集合店。

### 零售案例

H 集团在深圳某商业中心开设线下体验专柜首店，该店由 H 集团自营的美妆集合而成，

主要包括护肤、彩妆、香水、男士理容等四大板块，不仅提供国际美妆大牌明星产品，也提供品牌国货。

（5）互联网企业线下类集合店

近年来，越来越多的互联网企业借助自身流量优势，在购物中心开设实体店，线上社群自带的流量，为互联网企业开设线下类集合店提供了基础。线上走到线下，预示了新零售的玩法不断裂变。对于不断需要新物种的实体商业而言，线上品牌强大的 IP 价值和用户基础，能够达到迅速为线下引流的目的。

## 3.2.10 无人值守商店

### 1. 无人值守商店的定义

无人值守商店是指在营业现场无人工服务的情况下，自助完成商品销售或服务的零售店。随着移动支付的普及，消费者自助下单的“无服务员”模式，受到不少企业的青睐。无人值守商店是对零售的三个核心本质“消费者、场景、商品”中的“场景”进行的一次探索，主要使用目前主流的 RFID 射频识别技术，同时还集成了一系列人工智能技术，如人脸识别、动作行为识别、计算机视觉识别等，如图 3-1 所示。

图 3-1 无人值守商店

### 2. 无人值守商店的优势

随着大数据、人工智能、云计算、移动支付等新兴技术的发展，无人值守商店的技术愈发成熟。无人零售作为新零售行业的新业态，能够节省人力成本和渗透到全时段的消费场景中，具备很大的发展潜力。

（1）24 小时营业

无人值守商店不需要人力值班，可以实现全天候营业，满足消费者随时随地的购物需求。

（2）节省人工成本

无人值守商店不需要雇用店员，节省了人工成本，可以降低经营成本，提高盈利水平。

（3）自动化技术

无人值守商店采用自动化技术，例如人脸识别、RFID 技术、智能货架等，可以提高营业效率和购物体验。

（4）灵活地定位

无人值守商店可以根据不同的需求和市场进行灵活地定位，例如放置在高校、商业区、居民区等地方，满足不同人群的购物需求。

（5）数据化运营

无人值守商店采用数据化运营，可以通过人工智能和大数据分析，了解消费者的购物习惯和需求，进行精准的商品推荐和营销活动，提高销售额和消费者满意度。

**零售资讯**

24 小时无人值守街角智能便利店为人们的生活提供便捷，通常具有下列系统。

1．二维码身份识别系统。

2．消费者生物识别系统。

3．RFID 芯片标签系统。

4．自助结算系统。

5．智能视联网云眼识别系统。

6．人工智能无人值守平台管理系统。

# 任务 3　无店铺零售业态

## 3.3.1　走进无店铺零售业态

无店铺零售在信息技术迅猛发展的今天，具有良好的发展前景和深远的经济意义。2004 年 10 月开始实施的《零售业态分类》标准首次将无店铺零售形式列为零售业态，代表无店铺零售形式被我国正式承认。

### 1. 无店铺零售的定义

无店铺零售即不通过店铺销售，而由厂家或商家直接将商品传递给消费者的零售业态。这是一种现代营销方式，是社会经济发展的产物，也是顺应新消费需求和技术进步的必然结果。无店铺零售包括网络零售、电视/广播零售、邮寄零售、无人售货设备零售、直销、电话零售和流动货摊零售。美国的营销和零售学者认为，当零售商不依赖店铺完成接触消费者、完成交易的目的时，就可以被认定为在从事无店铺零售。

### 2. 无店铺零售的特征

（1）流通环节少且交易费用低

无店铺零售的交易行为在店铺外进行，不需要缴纳租金，消费者可获得价格实惠的商品。新产品上市，如果采用店铺售卖形式，就需要考虑广告费、场地租赁费、进场费等，存在费用大、投资时间长、回报系数不稳定等问题。而无店铺零售在这方面的优势就显得十分明显：厂家直销、资金回笼快、费用少、风险系数低，属于稳健型经营，消费者可获得多方面的好处。

（2）销售通过媒体促成，有利于扩大商品销售途径

无店铺零售借助沿街宣传、行走叫卖、上门推销等人力媒体，以及报纸、邮寄、电话、电视、互联网等现代媒体，主动将商品推荐给消费者，从而增加了销售产品的途径和方式。

（3）能够突破消费者购买的时空限制

无店铺零售可以不考虑消费者的购买时间和空间的限制，消费者可以通过信息媒体与销售方频繁沟通，利用电话、传真、互联网及信函等方式进行订货，签订购物合约，方便消费者购买。销售方能通过各种通信、运输手段将产品送到边远地区的消费者手中，从而可以实现跨城乡、跨地区、跨国界购物。

（4）有利于提高企业和消费者的沟通效果

无店铺零售能更好地满足消费者个性化的需求。店铺零售通过促销手段单向传递信息，吸引消费者进店，再通过营业员面对面洽谈成交。无店铺零售在交易发生前，销售者先将销售信息输出，消费者再把购买具体商品的信息反馈给销售者，双方协商互动成交，满足消费者的个性化需求。

### 3. 无店铺零售的发展

现代意义上的无店铺零售最早产生于美国，于 20 世纪 70 年代得到较快发展，随后传播到日本及欧洲各国。促使无店铺零售方式兴起和发展的因素主要有以下三个方面。

（1）科学技术的进步

无店铺零售的发展与科学技术、生产力的发展相适应。新一代自动售货机科技含量高，能分辨各种钱币，具有找零功能，克服了自动销售商品的价格必须与硬币单位相匹配的难题，自动销售的商品范围得以扩大。快速发展的电子、通信信息工具不断进入家庭，促进了目录销售、电话购物、电视销售、网上购物等高层次购物的发展，消费者可以在家里采购到各种商品和享受到各种服务。高效互联网为企业的商务行为提供了快捷、廉价的销售手段——Web销售手段。

（2）买方市场的形成和企业竞争的加剧

买方市场条件下，销售者之间的竞争由原有的价格竞争向质量、包装、品牌、服务、分销等非价格竞争方向发展。传统分销渠道，商品经过批发、店铺零售等多个环节才能最终传递到消费者手中，渠道各方关系复杂，协调成本高，交易费用大。通过无店铺零售方式，制造商可以不经过中间商和零售店铺，将产品直接销售给消费者；消费者可以更加高效、方便地购买，获得显著的消费者让渡价值。

（3）购买行为的变化

现代社会人们的生活节奏加快，越来越珍惜闲暇时间，希望能在闲暇时间内从事一些有益于身心的活动，客观上越来越要求足不出户就能进行购物。消费者借助无店铺零售既能获得产品的效用，又能获得其他方面的满意和价值。随着就业率的提高，由于职业妇女可支配的货币收入增多，可支配的时间却大大减少，因此更加注重购物的便利性，希望减少上街购物的时间；而老年人大多行动不便，逛街和购物有障碍，也欢迎上门推销；年轻人则更喜欢上网，容易接受新事物，网上购物成为新时尚。同时，随着受教育程度的提高、消费的创新需求增强，消费者将普遍接受无店铺零售方式购物。

## 3.3.2 无店铺零售业态的类型

### 1. 网络零售

网络零售是指通过电子商务平台、物联网设备等开展商品零售的活动。根据经营模式的不同，网络零售可分为网络自营零售和网络平台零售。网络自营零售是指经营者利用自有网络平台或第三方电子商务平台，自主经营、销售商品的零售模式。网络平台零售是指电子商务平台通过为商品经营者提供网页空间、虚拟经营场所等相关服务，助其完成商品交易的零售模式。

科技的发展对社会生活的影响是人们所始料不及的，计算机技术与网络技术的飞速发展使网络零售已走进人们的生活。面对网络零售的冲击，传统零售业似乎有些措手不及，但我们发现，他们很快也以自己的方式加入这场网络大战。

从广泛的意义上讲，网络零售商店的大量涌现，是科技发展、商业竞争、消费者价值文化等综合因素共同影响的结果。

现代化的生活节奏已使消费者用于外出购物的时间越来越少，拥挤的交通和日益扩大的店面延长了购物所耗费的时间，更多地消耗了消费者的精力。商品的多样化也使消费者难以辨别自己所需要的商品，消费者迫切需要新的、更加方便快捷的购物方式和服务。其次，竞争日益激烈的市场迫使制造商和零售商去寻找变革以尽可能地缩短运作周期，降低商品从生产到销售的整个供应链上所占有的成本。

而对于这些需求，网络零售可谓一举三得。对零售商来说，网络零售降低了库存成本和店面的运作费用；对制造商来说，能够更加迅速地了解市场需求，减少商品积压，降低风险；而这一切又最终会使消费者受益，由于供应链成本的降低，商品售价也相应降低。同时，网络零售又使消费者免受乘车走路之苦，并能在商品的信息海洋中得到最好、最快的服务。

### 零售资讯

根据中国连锁经营协会发布的《2024 年中国网络零售 TOP 100》榜单，包括阿里巴巴、京东、唯品会、苏宁易购、小米、叮咚买菜等企业。数据显示，2024 年全国网上零售额为 155 225 亿元，比上年增长 7.2%。从 2015 年到 2021 年，网络零售交易规模持续增长。2015—2017 年，增速保持在超 30%，此后徘徊在 20%左右。2021 年增速大幅下滑到 10%左右，而 2022 年起增幅进入个位数，这意味着网络零售市场从高速增长时期进入缓慢增长时期。

### 2. 电视/广播零售

电视/广播零售是指以电视/广播作为商品展示、推介渠道，提供使用效果、方法等推介内容并取得订单的零售业态。

如何提高电视/广播零售服务水平，使得电视/广播零售更安全、更规范是业界关注的焦点。有专家指出，提升电视/广播零售服务水平的关键是物流。目前，国内电视/广播零售销售商在整体物流规模较小、物流效率不高的情况下，提高服务水平的成本巨大，这是造成国内电视/广播零售服务水平低下的重要原因之一。

### 3. 邮寄零售

邮寄零售是指以邮寄商品目录为主，向消费者进行商品展示、推介，并通过邮寄等方式将商品送达给消费者的零售业态。

邮寄零售是发展最早、影响最大的无店铺零售形式之一。它是由投资者设立邮政信箱，通过邮政系统邮寄商品目录或样本，向消费者宣传推销，接受消费者函件订购，再通过邮政系统或运输部门向消费者寄送商品。邮寄零售方便了偏远地区的消费者，开拓了更大范围的市场。

目录样本商店也是从邮寄零售发展起来的，它仅在商店内陈列商品样本目录，向消费者分发，接受消费者直接或通过电话订货，负责将商品为消费者送货到家。随着科技手段的现代化，目前有的商店采用电视购物或计算机联网形式陈列展示商品，供消费者选择。消费者通过计算机系统或传真、电话订货，商店送货到家。

这种无店铺零售企业在我国尚处于起步阶段，目前除少量邮购公司开展邮寄零售业务外，一些大型零售企业也开展邮寄零售业务，并尝试开展计算机、电视、电话订购业务。但由于相关法律法规尚不健全，送货不及时，人们对此认识不足，因此还存在发展的障碍。

目前，邮寄零售也开展电话订购、计算机联网订购等业务，采用高科技手段向消费者展示、介绍商品，方便顾客，提高效率。

### 4. 无人售货设备零售

无人售货设备零售是指通过售货设备、智能货柜或贴有支付码的货架等进行商品售卖的零售业态。消费者向设备中投入钱币或磁卡等特定的交易媒介，设备自动交付商品并找付零钱。

自动售货机是常用的无人售货设备，已广泛用于多种商品的销售，包括香烟、软饮料、糖果、热饮和报纸等冲动购买品，这些商品主要用于满足人们的临时性需要；还包括点心、热汤、袜子、T 恤衫、化妆品、平装书、唱片、胶卷等日常小商品；此外，自动洗衣机、自动电动游乐器、自动行李架、自动计时停车场等也属于无人售货设备。

### 5. 直销

直销是指在固定营业场所之外，直销企业招募的直销员直接向最终消费者推销产品的零售业态。直销是一种古老的销售形式，也就是在产品的生产者和最终用户之间没有任何中间环节，如农民直接将其生产的农副产品在集市上出售就属于直销的一种形式。这里所讲的直销是一种赋予了全新内容与现代市场相适应的现代营销方式。

直销是指直接在消费者的家中、工作地点或零售商店以外的其他地方进行商品或服务供应，通常采用销售人员直接与消费者接触的方式，在现场对产品作详细说明或示范，进行推广介绍，以达到销售其产品或服务目的的零售业态。包括在消费者家里或其他非商店地点（如办公室）与消费者接触，或是由零售商主动通过电话征求订货。其特点是不通过或者减少中间环节，将商品或者服务直接传递给消费者。直销有多种组织形式和计酬方式，如会员服务、访问销售、家庭聚会销售等。化妆品、珠宝、维生素、家庭用品和服务（如地毯清洁）、奶制品、杂志、报纸等产品经常以这种方式销售。直销战略组合重点强调购物的方便性和人际互动。

### 6. 电话零售

电话零售是指通过电话直接向消费者推销商品或与消费者约定时间进行访问推销的零售业态。电话零售一般通过两种方式进行：一是专门提供电话接听服务，通过电话专线接受消费者的订货、咨询或抱怨，由公司负责专线费用；二是提供电话外呼服务，以温和的推销方式，礼貌地通过电话推销商品或服务。

### 7. 流动货摊零售

流动货摊零售是指通过移动售货车或其他展示、陈列工具销售食品、饮料、服饰、鞋帽等日常商品的零售形式。推销员走街串巷，在向消费者推销商品的同时，传授商品使用知识，对商品负责安装调试，甚至开展以旧换新业务。这种形式方便灵活，不占用场地，市场范围大。

## 项目小结

## 项目测试

### 一、单项选择题

1. 以满足消费者即时性、服务性等便利需求为主要目的的小型综合零售形式的业态是（　　）。

A. 便利店　　B. 超市
C. 百货店　　D. 购物中心

2. 以会员为目标消费者，实行储销一体、批零兼营，以提供基本服务、优惠价格和大包装商品为主要特征的零售业态是（　　）。

A. 品牌专卖店　　B. 仓储会员店
C. 折扣店　　D. 购物中心

3. 以满足消费者中高端和时尚购物需求，配套餐饮、休闲娱乐、商务社交等多元化服务的零售业态是（　　）。

A. 仓储会员店　　B. 折扣店
C. 百货店　　D. 购物中心

4. 以经营某一类或相关品类商品及服务的零售业态是（　　）。

A. 品牌专卖店　　B. 折扣店
C. 专业店　　D. 集合店

5. 不允许个人加盟的连锁形态是（　　）。

A. 正规连锁　　B. 自由连锁
C. 特许连锁　　D. 加盟连锁

6. 具有“小、灵、便”特征的零售业态是（　　）。

A. 便利店　　B. 超市
C. 百货店　　D. 购物中心

7. 辐射半径 2 km 左右，以商业区目标消费者、社区便民消费为主的超级市场是（　　）。

C．无人售货设备零售　　D．流动货摊零售

9．首次将无店铺销售形式列为零售业态的《零售业态分类》实施年份是（　　）。

A．2000 年　　B．2004 年

C．2010 年　　D．2021 年

10．位于火车站、码头、地铁站等公共交通枢纽及景点、商业中心等人流量较为密集的区域的便利店类型是（　　）。

A．社区型便利店　　B．客流配套型便利店

C．商务型便利店　　D．加油站便利店

## 二、简答题

1．连锁经营与传统的商业组织形式相比，具有哪些基本特征？

2．简述仓储会员店的特点。

3．无人值守商店的优势有哪些？

4．无店铺零售的特征有哪些？

项目 4

# 开展零售运营

本项目从基础专业知识和职业素质教育方面入手，结合零售业中的实际案例，主要研究零售店选址、零售商圈分析、店铺设计、店内布置、商品陈列、商品采购管理、商场促销设计、成本核算等内容。以培养工作综合能力为导向，注重实践技能的培养。在内容的处理上，做到以基础理论“必需、够用”为原则，突出应用性。通过本项目的学习，我们可以客观分析零售管理过程中的成功与失败，在今后的实际工作中提升自身独立分析、灵活解决问题的能力。

## 学习目标

### 素质目标

1. 践行精益求精、创新、敬业、专注的工匠精神。
2. 树立社会责任感、服务意识和担当奉献精神。
3. 掌握与从事职业活动相关的法律法规及行业规定，遵守职业道德和行为规范。
4. 具备较强的风险防控意识与规避能力、安全防护意识。
5. 培养可持续发展能力和终身学习能力意识。

### 知识目标

1. 了解店铺选址的原则和店铺选址的要素。
2. 了解店铺设计的基本理念和店铺设计的要素。
3. 掌握商品采购的功能和基本原则。
4. 熟悉商品储存的功能和作用。
5. 理解商品陈列的基本形式和原则。

6. 掌握商品促销的几种手段。

### 能力目标

1. 能够进行零售店铺的基本运营操作。
2. 能够进行零售店铺的成本核算。

## 案例导入

### 借智慧店铺打造“价值零售”

数字化是国内某体育用品店“价值零售”最关键的组成部分之一。围绕消费者的需求，该体育用品店通过提升数据价值、融合价值、体验价值、文化与团队价值为消费者创造优质的零售体验。2023 年，该体育用品店在其他城市分别开设了三家旗舰型智慧店铺，以数字化赋能零售，为消费者带来更加人性化和智慧化的购物体验。

作为国内体育用品店数字化产业链的“排头兵”，用品店智慧店铺在洞悉消费者的偏好上下足了功夫。通过人工智能图像识别技术，消费者进店之后，在店内做出的“拿起—试穿—购买”等一系列行为都会被感知，体育用品店运用准确且及时的数据读懂消费者，从而更精准地为其提供服务。

作为国内体育用品店在全国设置的第三家智慧店铺，该智慧店铺采用了更多的智能技术。

（1）进店

店铺内设置了多个优 Mall 系统（一款基于定位技术与大数据分析能力于一体，致力于线下商圈数字化运营、精细化管理的智慧店铺产品）的高清摄像头，主要作用是精准洞察消费者结构，包括男女性别比例、年龄构成等，从而为店铺进行商品总体结构优化做支撑。店铺的门口设有两个高清摄像头，消费者一进入店铺，系统就能判断出其性别和年龄区间。

（2）逛店

店铺顶部分布着多个摄像头，能够时刻捕捉每一位消费者的购物路线和轨迹，从而诊断出店里的冷区和热区，帮助店铺进一步优化商品陈列和调整店铺动线规划的合理性。

（3）选品

体育用品店在店内设置了具有智能性的互动屏，利用 RFID 互动技术来判断商品对消费者吸引力的大小。当消费者从互动区域的鞋墙上拿起一款鞋时，压杆互动屏上就会显示该款鞋的相关信息，包括鞋码和推荐搭配等。这样既能让消费者更清晰地了解商品的各项信息，又能为将来优化商品设计和研发提供信息支撑。

消费者可以在店内选购实物商品，也可以在店内智能云货架的大屏上通过扫码进入微信小程序商城选购商品。在云货架上，消费者在挑选商品，完成付款后，该商品则被直接送到消费者的家中。

（4）试穿

在试穿区域也设有相应的数据感应器，店内后台可以通过记录商品的试穿频次和频率来收集现场数据。

（5）结算

在结算方面，该智慧店铺既设有收银一体化的移动设备，也设有人工收款结算台，消费者可以选择移动支付，也可以选择现金支付。

完成结算之后，消费者的此次消费就进入该体育用品店后台的客户关系管理（Customer Relationship Management，CRM）系统，消费者在线上线下所有渠道的消费记录、消费特征都将被记录到该系统中，为开展精准营销提供数据支持。

智慧店铺能够洞察消费者，转化数据，提升运营效率。从逛、看、试、结四个维度升级人性化和智慧化的体验，同时也让体育用品店基于大数据来及时改善消费者线下体验，提升管理效率。通过数据分析实施精准营销，从而提升消费者的到店率。

**想一想**

零售店铺运营要具备的条件有哪些？

# 任务 1　规划店铺

## 4.1.1　店铺选址

### 知识拓展

过去人们进行商圈分析，不得不搬来一叠厚厚的资料，对考察区域及竞争对手的位置进行研究。现在可以借助信息系统，将人口信息、地理要素、行政区划和地理位置等诸多数据纳入信息系统中，使人们很直观地对区域内各方面条件做出综合判断和分析比较，大幅提高店铺选址的效率。因此，越来越多的零售店铺利用地理信息系统（Geographic Information

Systems，GIS）进行选址。

店铺选址是经营店铺的必要条件，它事关店铺的长期发展和直接经济效益。店铺选址的关键：如何利用地理优势，取得较大的进店客流量和实际销售量。为此，创业者必须经常关注当地的城建动态，研究所在城市的市区发展方向和消费动向，调研在主要消费时段，沿街人流量的大小和去向。

### 1. 店铺选址的原则

一些正在寻找开店地址的创业者，总是抱怨找不到好地段的店铺。其实，这是一种误解，店址不一定要在繁华地段，也不一定要在人口聚集的地方，只要根据店铺的行业和店铺的功能定位，在充分考虑消费者需求的基础上，合理地寻找店址，就能事半功倍。

店铺选址要遵循下面三个原则。

（1）符合店铺的功能定位

符合已设定的店铺功能定位，就可以实现店铺想要达到的目的。如果店铺的功能主要是用于零售展示，那么店铺就要考虑接近目标人群的人流情况，以及交通、停车的方便性，如体育馆、体育运动用品市场等。如果只是用于商品展示，则不用过多地考虑人流情况，店铺的面积应是考虑的主要内容。而如果传播是重点功能定位，则应重点考虑门面的大小、店铺视线以及人流和车流情况。

（2）方便消费者购物

满足消费者需求是店铺经营的宗旨，因此店址的确定，必须首先考虑方便消费者购物，为此店铺要符合以下条件。

①交通便利、停车便利。

②靠近消费群体居住地或办公楼，即靠近商圈或具有较强购买力的社区。

③符合客流规律和流向的人群集散地段。这类地段适应消费者的生活习惯，自然形成“市场”，所以能够进入店铺购物的消费者人数多，客流量大。

（3）有利于店铺开拓发展

店铺选址的最终目的是取得经营的成功，因此要着重从以下几方面来考虑如何便利经营。

①提高市场占有率和覆盖率，利于店铺的长期发展。店铺选址时不仅要分析当前的市场形势，还要从长远的角度去考虑是否有利于扩充规模，如有利于提高市场占有率和覆盖率，在不断增强自身实力的基础上开拓市场。

②有利于形成综合服务功能，发挥特色。不同行业的商业网点设置，对地域的要求也有所不同。店铺在选址时，必须综合考虑行业特点、消费心理及消费者行为等因素，谨慎地确

定网点所在地点。

③有利于合理组织商品运送。店铺选址不仅要注意规模，还要追求规模效益。发展现代商业，要求集中进货、集中供货、统一运送，这有利于降低采购成本和运输成本。因此在店铺选址应尽可能地靠近运输线，这样既能节约成本，又能及时组织货物的采购与供应，确保经营活动的正常进行。

### 2. 店铺的选址三要素

（1）驻足便利

一个城市一般会划分为若干个商圈，并有城市中心和副中心之分。在实际操作中，我们会面临主干道选址、主干道路口选址、次干道选址、社区选址、城乡接合部选址等类别的选址问题。上班族在消费群体中占相当比例，且多数早上上班匆忙、下午下班后路上时间充裕。有数据测算，下班后的2～3小时内，主干道上的沿街店铺会出现一个稳定的消费高峰。所以，主干道或主干道路口选址时应结合上述情况，选择靠近城市中心外辐射方向的一边，这样有利于消费者驻足。

（2）抓大捏小

选定主干道路口，以建形象店的标准将店招牌放大并优化视觉设计，形象上与零售店铺高度统一。如果有可能的话，将整栋楼体的主体色及窗帘颜色调整为和企业VI系统相符的色调，远看和谐美观，能增强视觉冲击力。在房租价格较低的背路街道（胡同）、社区、城乡接合部等地选址时，要以靠近居民区、医疗机构为原则，距离越近越好，特别是附近有竞争对手的地方。

（3）店中店

在大型商场、超市中建立店中店，虽然租金不菲，但能与大型商场、超市共享庞大的客流。结合销售情况，顺应大型商场、超市的促销活动，适时地调整商品结构，也能为公司贡献利润。

此外，在选址过程中，还需要对周边商圈的人口密度、职业构成、家庭规模、户均收入、消费支出、性别比例、年龄结构、流动人口、商店总数、消费倾向、购买时间和动机等进行分析，研究划定区域内选址的可行性和可控性。

### 3. 店铺选址的步骤

在店铺选址过程中，通常要考虑人群流量、繁华程度、租金、交通状况、附近居民构成、场地面积、专业市场、经营性质、经营品牌、附近卖场、地势、店铺结构、店铺能见度、朝向、楼层、规划、政策等因素。这些因素不要求面面俱到，但一定要综合考虑、酌情分析。

选址的过程也就是目标锁定的过程，特别是针对在全国布点的零售商而言，首先要确定选址的城市，这往往根据所售商品的特点和零售商的战略布局而定，范围从大到小，直到目标逐渐明确。

（2）选择地段

从事终端销售的经营者都知道，开零售店最重要的因素就是地段。地段的重要性要求选址工作不可马虎，每个城市都有其独特的商圈，无论经营何种店铺，都有其最佳的地段。

在选择地段过程中，要了解该地域比较合理的地段，或者寻找人气旺盛的商圈，或者寻找潜在购买力大的商圈，只要经营的商品选择适当，日常管理到位，就容易形成经营优势。

（3）选择卖场

如果商场的经营者对品牌的选择余地较大，各种商品可以错开经营，档次、颜色、款式都能够错开经营，如果整个卖场经营的商品结构较为合理，往往能形成经营的良性循环和良好的经营氛围，有利于促进销售。

在选择卖场过程中，重点要考虑租金价格、卖场气氛、商品结构、销售的各种商品能否形成良性循环几大因素。商品要符合卖场的定位，这是选择卖场最需要注意的一点，同时对商场是否进入成熟期，摊位的经营氛围是否形成，消费者的购买需求，以及和经营商户之间的竞争关系等都要进行综合考虑。

### 4. 店铺选址评估

店址基本确定后，通过具体的评估来检验选址的正确性。首先，要确定评估项目，其次，进行定量化评估，最后，做出相关分析并选定店址，这是一系列的标准化流程。评估项目根据运营发展战略而定，主要包括地理位置、交通状况、竞争环境、客流量、店铺成本、发展趋势六个方面。

（1）地理位置

按照所在的地理位置不同分类，可分为以下几种类型。

①商业中心型店址。商业中心型店址位于全市性的繁华商业区，各类商业、娱乐、服务设施林立，人流、车流量最大，店址的辐射力强，商圈范围也比较广泛。

②零售专业市场和商场型店址。国内各大城市由于经济的发展，以及市民的购物习惯和商业经营的积淀，已经建立了很多专业市场、大卖场。各大卖场互相竞争、彼此烘托，就形成了零售商圈。在专业市场或人气很旺的商圈中的选址适合零售店铺的开设。

③准商业中心型店址。准商业中心型店址位于地区性商业中心，与重要的交通干线相连，

客流量较全市性商业中心少，尤其是流动消费者数量很少。此类店址适合于食品、日用商品和各类零售店铺的连锁经营。

④郊外型店址。这是随着城市人口的外迁而选择的店址，其消费者少但固定，经营成本最低。

⑤居民小区型店址。居民小区型店址位于大型居民集中居住区内，为小区生活配套设施。此店址最适合于食品、日用生活品等连锁商店的经营。

（2）交通状况

一个新设零售店铺在做好区域位置选择以后，还要切实考虑多种影响和制约因素，才能做出具体设计地点的选择。交通条件也是影响零售店铺选址的一个重要因素，它决定了新设零售店铺经营的顺利开展和消费者购买行为的顺利实现。

从新设零售店铺经营的角度来看，对交通状况的评估主要有以下两个方面：其一，在开设地点或开设地点附近，是否有足够的停车场所可以利用，零售店铺必须有停车场，因为零售店铺有时候需要适应货运量的要求并便于装卸，否则运输成本会明显上升，直接影响经济效益。

（3）竞争环境

一般来说，店铺周边竞争对手众多，店铺经营如果独具特色，将会吸引大量的客流，促进销售增长，提升店铺声誉；否则与竞争对手相邻而设，没有核心竞争力将难以获得发展。

从市场竞争的角度出发，店铺位置可分为以下两种类型。

①竞争型店址指同一商圈内有竞争对手存在，竞争对手主要有两类：一是同类连锁商店，来自这类对手的竞争压力可谓最大；二是与本店有经营交叉的商店，如建材店、专业家装市场、家用电器市场等。店铺周围的竞争情况对零售经营的成败产生巨大影响，因此店铺选址时必须分析竞争对手。

②孤立型店址指正好与竞争型店址相对，商圈内没有竞争对手存在。

上述各类型店址各有利弊，如租金低的地段客流少，而客流多的地段租金又极其昂贵；竞争对手少的地段往往缺乏商业吸引力，而商业吸收力大的地段又总是有众多的竞争者，所以找到合适的店址非常困难。

当然，零售店铺的店址还是尽量选择在商店相对集中且有发展前景的地方，这对经营选购性商品的商店尤为重要。

（4）客流量

客流量是店铺选址的重要依据之一，客流量的分析必须有详尽的数字报告。在进行客流量分析时，不但要对每小时或者每半小时的客流量进行分析，还要分别对这些客流量的有效

性进行分析。

（5）店铺成本

店铺成本包括很多方面，主要考虑建筑物的新旧程度与装修成本，房地产价格与利用方式、利用期限，搬迁补偿费，水电增容费，有无城建规划限制等几个方面。房地产价格对销售价格、投资回收期影响直接，而付款方式也会对实际价格产生影响，这些因素均应做具体的定量测算。

（6）发展趋势

对店址发展趋势的评估其实就是要分析城市规划。店铺开设地点的选择要分析城市建设的规划，既包括短期规划，又包括长期规划。

因此，零售经营者必须从长考虑，在了解地区内的交通、街道、市政、绿化、公共设施、住宅及其他建设或改造项目规划的前提下，做出最佳地点的选择。

最后，零售经营者还要对商店未来效益进行评估，主要包括平均每天经过的人数；来店光顾的人数比例；光顾人数中购物者的比例；每笔交易的平均购买量等。至此，零售经营者便可做出商店开设地点、店铺设计及店铺开业的决策了。

## 4.1.2　店铺设计

店铺设计是指根据品牌定位和消费者需求进行的空间布局、陈列展示和装饰装修的设计活动。店铺设计是一个比较复杂的问题，涉及美学、声学等多学科知识的综合运用。店铺设计对于树立店铺形象和吸引消费者注意力有着极为重要的作用。

### 1. 店铺设计的基本理念

店铺设计包括店铺的整体规划、门面设计、店内环境设计和商品陈列设计等内容。一个好的店铺设计不仅能够提升品牌形象，吸引消费者，还能够提升销售额和消费者忠诚度。在店铺设计过程中，要遵循以下几个设计理念。

（1）品牌定位导向

品牌定位是店铺设计的核心。在设计过程中，应始终将品牌的核心价值观和独特的品牌形象融入设计中，使之与消费者产生共鸣。店铺的整体氛围和陈列展示的设计，让消费者从视觉、听觉、触觉等多个层面感受到品牌的独特魅力和优势。

（2）消费者体验至上

消费者体验是店铺设计的重要目标。要注重从消费者的角度出发，提升其购物体验，不断引入创新和个性化的设计元素。通过合理的空间布局和陈列展示，消费者易于找到商品，顺畅地完成购物过程。同时，在色彩搭配、灯光设计等方面注重创造舒适和愉悦的购物环境。

（3）功能与美学的平衡

店铺设计既要满足实际经营的功能需求，又要具备艺术美感。在设计过程中，要充分考虑不同区域的功能需求，合理配置空间，确保经营流程的合理性和高效性。同时，注重色彩、材质、光线等方面的搭配与运用，创造与品牌形象相符的美观效果。

（4）可持续发展

在店铺设计中，坚持绿色环保和可持续发展的理念。选择环保材料和绿色装修方式，减少对环境的影响。同时，考虑到未来发展和经营的需要，设计中要预留一定的可调整空间，并考虑后期运营和维护的方便性。

（5）创新与个性

在激烈的市场竞争中，创新和个性是店铺设计的重要因素。不断引入新的设计理念和技术手法，与时俱进，不断提升设计的独特性和亮点。同时，根据品牌定位和产品特色，突出个性化的设计元素，营造与众不同的品牌形象。

综上，一个优秀的店铺设计需要有清晰的品牌定位，注重消费者体验，追求功能与美学的平衡，考虑可持续发展，同时注重创新与个性。只有通过不断努力和创新，才能完成独特、吸引人的店铺设计。

### 2. 店铺设计要素

（1）店铺的店址选择

店址是形成店铺形象的重要因素之一，店址要体现不同的经营特色和企业形象。形象本身决定了店址，同时店址也决定了企业形象。店铺的地点设置对于其销售额、知名度等有着巨大的影响。有一句谚语“一步差三市”讲的就是店址地理位置的重要性。

（2）建筑物及形象环境

建筑及形象环境是店铺的“脸面”。它是消费者对店铺形成第一印象的要素，是企业形象的重要组成部分，决定了消费者是否愿意进入该家店铺。

（3）店铺的外观

①店铺的外貌风格必须与店铺经营目标、经营方针一致，体现企业富有个性的独特形象。

②店铺的建筑应有利于城市景观和街道整齐，并与周围环境协调统一，取得整体和谐效果。

③店铺外观的装潢，必须重点突出店铺形象的识别标记。

（4）店铺的招牌

①招牌的种类

屋顶招牌，即为了使消费者从远处就能看见店铺，可以在屋顶上竖一个广告牌，用来宣传自己的店铺。

栏架招牌，即装在店铺的正面的招牌，可以用来表示业务经营范围、店铺名、商品名、商标名等。栏架招牌是所有招牌中最重要的招牌，所以可以采用投光照明、暗藏照明或霓虹灯照明来使其更引人注目。

侧翼招牌，此种招牌一般可位于店铺的两侧，其显示的内容是给两侧行人看。它可用来表示店铺店名，也可用来表示店铺的经营方针、经营范围和店铺广告。这种招牌一般以灯箱或霓虹灯为主。

路边招牌，是一种放在店前人行道上的招牌，用来增加店铺对行人的吸引力。这种招牌可以是企业的吉祥物、人物招牌，也可以是一个商品模型或一台自动售货机。

墙壁招牌，店铺的墙壁是很夺目的，利用它来做招牌就是墙壁招牌，一般可以用来书写店名。

垂吊招牌，即悬挂在店铺正面或侧面墙上的招牌，其作用基本上与栏架招牌一样。

遮阳棚招牌，一般由厂商提供，大都是商品广告。遮阳棚招牌对零售店铺来说是视觉应用设计的一部分，以增强消费者的统一识别感。

②招牌的设计要求

为了使消费者便于识别，店标不管是用文字来表达，还是用图案或符号来表示，其设计要达到：容易看见、容易读、容易理解和容易联想。另外，栏架或垂吊招牌的色彩必须符合企业的标准色。消费者对招牌识别往往是先识别色彩，再识别店标。色彩对消费者会产生很强的吸引力。把这种设计一致性地推广到各个店铺时，容易使消费者产生对企业的认同感，从而有利于企业的规模化发展。

（5）橱窗设计

橱窗是店铺外观的一个重要组成部分。店铺的橱窗尺寸由于店铺类型、门面长度不同而有所区别。但长度和宽度的比例一定要符合视觉习惯。一般高、宽的比例以 1∶0.618 为佳，这便是常说的“黄金分割率”。橱窗的设计、装饰、陈列可以说是一种艺术，应当由专业人员完成。

（6）灯光、绿化及配套设施

店铺门前的绿化、空场、凳椅、灯光等可以创造轻松愉快的环境，加深消费者对店铺的印象。停车场等配套设施也应引起充分重视，随着人们生活水平的提高和每次购物数量的增加，停车场已经成为消费者选择店铺的一个重要因素。购物环境设计必须充分为消费者着想，营造周到完善、富有人情味的店铺形象。

### 3. 店铺布局的原则

店铺的布局主要包括：出入口的安排、主副通道的宽度、商品补充路线的选择、非营业场所与营业场所的连接、商品布局等。

店铺是一个以消费者为主角的舞台，而消费者对哪些最为关心呢？通过市场调查，得出的结果：消费者对商品价格的重视程度只占 5%，而占前三位的是开放式易进入的零售店铺占 25%，商品丰富、选择方便的占 15%，明亮清洁的占 14%。结合我国的实际情况，店铺布局应遵循如下原则。

（1）方便消费者出入。

（2）延长消费者店内停留时间。

（3）营造明亮清洁的购物环境。

店铺的店内布局合理，商品陈列美观，不仅有利于消费者选购商品，还给消费者提供了优雅舒适的购物环境，塑造出良好的环境形象。店铺店内布局要求如下。

（1）营业场所分割：营业场所内售货区、存货区、店员用地和消费者用地要有合理的分配。对店铺而言，应尽量扩大商品的售货区域，压缩非营业性区域。营业场所内必须使用的一些较大型、不常移动的设备和设施，如货架、储柜等，要充分利用空间、提高使用率，消费者使用的试衣间、通道等都应合理安排。

（2）商品布局：商品布局是指各类商品在营业场所内的位置安排。为了做到合理安排商品布局，应先对店铺的商品进行分类，一般按以下方法或标志分类：按使用功能归类，就是按商品的一般最终用途分类和陈列；按细分市场归类，即按商品的目标市场分类和陈列；按存放要求分类，即按商品的目标所需存放条件分类和陈列。

（3）店铺的主营类商品：最能反映本店类型和经营特色的商品摆放到最显眼的位置，使消费者一进门便能获得鲜明的印象。

（4）店铺商品的出样率：因场地有限，在不可能使所有商品和消费者见面的情况下，要讲究商品陈列的选择，每一组的陈列样品要以陈列附近出售的商品种类为主，充分利用各种物资设备和营业空间，方便消费者选购。

# 任务2　体验运营流程

## 4.2.1　商品采购

**想一想**

请说出你的一次采购经历，并试着分析商品采购的含义。

### 1. 商品采购的功能

商品采购是零售企业向其他企业、公司购进商品的业务经营活动。它是一项十分重要的经营活动，是零售经营的起点，做好商品采购工作具有重要的意义，其功能如下。

（1）开发新商品，开发新供应商

商品采购的主要功能是开发新商品，开发新供应商。随着社会经济发展和人们收入水平的提高，消费者需求呈多样化趋势，消费者对商品要求越来越高。在买方市场条件下，作为流通业的主导者，应主动承担起引导消费、引导生产的重任，积极开发新的供应商，开发新的产品，不断适应消费者需求的变化，更好地满足消费者的需要。

（2）淘汰滞销商品，淘汰不良供应商

为了更好地适应消费者需求的变化，也为了更有效地利用卖场空间，提高销售业绩，采购部门在开发新商品的同时，必须认真做好滞销商品的淘汰工作。

①及时发现销路不佳的代销商品、处于衰退期的商品或销售业绩不佳的商品，尽快与供应商联系，及时退货，及时中断继续订货。

②对存在质量问题（如卫生、安全、包装等不合格）的商品要尽早停止订货。

③对违反采购合同、信誉不良的供应商要毫不留情地予以淘汰。

（3）控制采购成本

为了降低采购成本，与可靠的供应商建立长期合作关系，通过谈判、招标等方式获取更优惠的价格；对于不易变质的商品，可采用集中采购，更大的采购量容易获得更低的价格；还可利用电子采购系统提高采购效率，降低采购流程成本。虽然支付货款最终由财务部门实施，但货款支付的时间、数量等其他交易条件应根据采购合同的条款，在采购部门控制下执行。

### 2. 商品采购的原则

（1）以需定进原则

采购商品的目的是将商品销售出去，满足消费者的消费需要，获得一定的收益。以需定进原则就是要根据市场需求情况决定进货数量，保证采购的商品适合消费者的需要，能够尽快地销售出去。

（2）勤进快销原则

勤进快销原则是加速资金周转、避免商品积压的重要条件，也是促进零售企业发展的一个根本性原则。零售企业必须利用本身有限的资金适应市场变化的需求，以勤进促快销、快销保勤进，力争以较高的资金周转率，实现商品种类的丰富覆盖与高效流转，加速商品周转。

（3）信守合同原则

采购部门在采购活动中要信守合同，要保证合同的合法性、严肃性、有效性，更好地发挥合同在企业经营中的作用，树立企业良好的形象，协调好企业与商品供应者和消费者之间的相互关系。

（4）经济核算原则

经济核算的目的是以尽可能少的劳动消耗和资金占用，产生尽可能多的劳动成果，取得好的经济效益。购销差价包含着企业经营商品的费用、税金和利润。因此，采购部门从进货开始，就要精打细算，以收入抵补尽可能少的支出，以保证获得最大的经济效益。

（5）文明经商原则

企业应以服务消费者为己任，以为消费者提供100%的满意服务为宗旨，以商业道德为规范，通过不断改进软硬件建设，强化科学管理，提高服务质量，为消费者提供舒适的购物环境，方便的购物条件，丰富的商品品种和优质的服务。

### 3. 商品采购策略

商品采购策略是实现零售经营计划的重要手段，是为实现企业规划战略目标服务的。商品生命周期即商品经济寿命周期，是指一种商品从投入市场到被淘汰为止所经历的时间，一般可分为投入期、成长期、成熟期、衰退期四个阶段。采购部门可根据商品所处的生命周期不同阶段的特点，选择不同的商品采购策略。

（1）投入期，又称试销期。商品刚投放市场后的一段时间，商品还未被消费者认识和接受，商品销售量增长缓慢，并且很不稳定。对于这类商品应慎重选择进货，数量要少，可采取代销方式。

（2）成长期，又称发展期、畅销期。商品经过试销、改进、逐步定型，销路打开，销售量迅速增长。在此阶段，采购业务部门可结合该商品的市场销售及公司售卖商品结构组合情况，确定是否积极组织货源，以促进商品销售。

（3）成熟期，又称饱和期。商品在市场上已被消费者广泛认识和接受，商品销售量趋向稳定。但在这一时期，由于竞争激烈，采购业务部门在采购商品时应适当控制进货数量，不宜过多地储备，避免造成商品积压。

（4）衰退期，又称滞销期。商品面临被逐步淘汰的趋势，销量大幅度下降。在此期间，采购业务部门不宜采购此类商品。

以上是根据商品生命周期不同阶段特点采购商品的一般策略。由于商品本身的特点和受特殊市场环境的影响，商品的生命周期曲线常以变异的形式出现。采购业务部门在引进这类商品时，必须认真加以研究，了解其发展趋势和潜在需求量，切不可盲目订货。

## 4.2.2　商品储存

### 知识拓展

影响储存商品质量的因素很多，其中一个重要的因素是温度。

有的商品怕热。例如，油毡、复写纸、各种橡胶制品及蜡等，如果储存温度超过要求（30～35 ℃）就会发黏、熔化或变质。人们所熟悉的烟酒、糖茶、服装鞋帽、医药、化妆品、家用电器及节日燃放的烟花爆竹等，有的怕潮、怕冻、怕热，还有的易燃、易爆。

有的商品怕冻。例如，医药针剂、口服液、墨水、乳胶、水果等，会因库存温度过低而冻结、沉淀或失效。例如，苹果储存在 1 ℃比在 4～5 ℃储存时寿命要延长一倍，但储存温度过低，会引起果实冻结或生理失调，也会缩短储存寿命。

影响储存商品质量变化的另外一个重要因素是空气的湿度。

由于商品本身含有一定的水分，如果空气相对湿度超过 75%，吸湿性的商品就会从空气中吸收大量的水分而使含水量增加，这样就会影响商品的质量。如食盐、奶粉、洗衣粉等潮解、结块，服装、药材、糕点等生霉、变质，金属生锈。但空气相对湿度过小（低于 30%），也会使一些商品的水分蒸发，从而影响商品质量，如皮革、香皂、木制家具、竹制品等的开裂，甚至失去使用价值。

商品储存期间，宏观上处于静止状态，但商品本身不断发生各种各样的运动变化，这些变化都会影响商品的质量，如不加以控制，就会由量变发展到质变。

### 1. 商品储存概述

（1）商品储存的含义

所谓商品储存，是指在商品生产出来之后而又没有到达消费者手中之前所进行的商品存储的过程，即商品在生产、流通领域中的暂时停泊和存放过程。它是以保证商品流通和再生产过程的需要为限度。商品储存是包含商品库存和商品储备在内的一种广泛的经济现象。

（2）商品储存的功能

概括地说，商品储存的功能包括两个方面：一是安全与防劣化；二是提高储存空间利用率。具体包括：保管的功能、调节的功能、配送的功能、节约的功能。

（3）商品储存的作用

①通过商品储存可以调节商品的时间需求，进而消除商品的价格波动。

②通过商品储存，可以降低运输成本，提高运输效率。

③通过商品在消费地的储存，可以达到更高的消费者满意度。

④通过商品储存，可以更好地满足消费者个性化消费的需求。

### 2. 商品储存的过程

商品储存过程如图 4-1 所示。

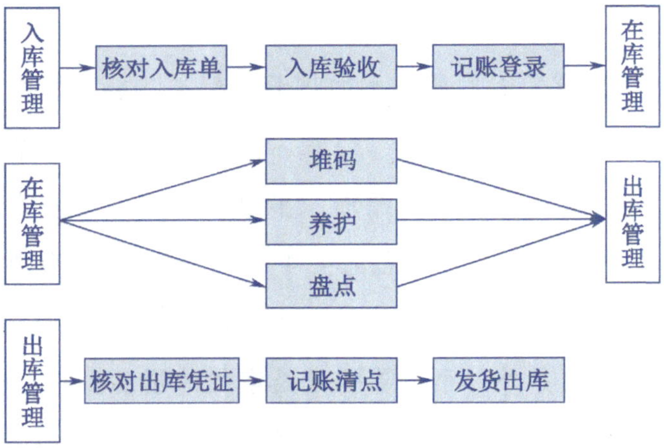


图 4-1　商品储存过程

（1）入库管理

入库工作是商品储存业务活动的开始，是一个关键环节，它包括接货、验收和入库三项工作。

①接货

接货时应检查核对待入库商品的品名和数量，检查待入库商品是否完好、手续齐全、责任分明，商品入库时，先点大数，再检查单据上所列的产地、货号、品名、规格、数量、单价等与商品原包装货标标签上所列各项内容是否一致，即使有一项不符，也不能入库。

②验收

验收是仓库质量管理的重要环节。一是核对商品单据、凭据、袋箱单、合同书等；二是对实物进行检查验收，检查商品质量是否合格，要适当开箱拆包，查看内部商品是否生霉、锈蚀、融化、虫蛀、鼠咬等。还要测定商品的安全含水率、含水量是否正常，对液体商品要检查有无沉淀；三是检查包装是否符合要求，如木箱、塑料袋、纸盒等是否符合要求，有无玷污、残损、拆开等现象，有无受潮水湿的痕迹，包装上的文字图案是否清楚等，如果包装不牢固影响堆垛不能入库；四是对商品的数量进行检验，它是指在大件点收之后，对细数进行验收。

③入库

将验收后的物品，按库房管理规定办理入库手续，建立保管收据和保管卡片等。具体手续包括办理登账、立卡、建档等。

现代仓库（物流中心）内的一般业务和功能，如表 4-1 所示。

表 4-1　现代仓库（物流中心）内的一般业务和功能

| 业　务 | 作　业 | 项　目 | 主要作业内容 |
|---|---|---|---|
| 入库管理 | 进货检查<br>入库作业 | 核对入库凭证<br>入库验收准备<br>记账记录<br>保管场所标识 | 1．进货商品与进货清单的核对（质量核对、数量核对）<br>2．保管条形码的贴附（固定放货时标示货架号）<br>3．在流动场所放置货物时，装入入库商品及物品的货架中保管<br>4．在固定场所放置货物时，在贴附条形码的货架中保管 |
| 在库管理 | 保管作业<br>发货准备 | 数量管理<br>质量管理<br>流通加工<br>在库作业 | 1．检查在库量是否适当（是否需补充发货）<br>2．保持正确的库存记录（检查库存实物与账目是否相符）<br>3．把握库存货物在库时间<br>4．按客户的要求进行包装作业<br>5．根据客户的要求贴附价格等有关标签 |
| 出库管理 | 发货作业<br>配送 | 备货<br>分拣包装<br>配车安排 | 1．根据装箱商品和小件商品划分备货<br>2．备货品与客户订单核对（商品号、数量、配送对象）<br>3．根据不同配送对象分拣包装<br>4．制作发货单、运送单等单据<br>5．根据发货数量进行派车<br>6．装车后进行积载确认 |

（2）在库管理

①分区分类。

②要固定货位，统一编号，以便仓库作业和方便客户。

③做好货物的堆码苫垫，提高仓库利用率。

（3）出库管理

仓库工作是商品储存业务的最后一个环节，出库应及时、准确、方便，出库时要做好三项工作。

①核对凭证：主要核对出库的品种、数量、规格及其有关事项，以防发生差错。

②备货：核对无误后，按出库单备齐货物，准备出库。

③核对实物：按出库单所列物品，一一进行核对，如无问题，再行发货。

### 4.2.3 商品陈列

#### 零售案例

某天中午，卖场内人潮如涌，二楼百货部的所有通道挤满了顾客和购物车，各供应商派驻的促销员也在起劲地做商品推销。此时，二楼洗化用品区域挤满顾客，纷纷抢购洗化用品，特别是香皂，天气炎热，消耗量相当大，商场准备了充足的货源，货架上摆得满满的。突然，洗化用品部传来“轰”的一声，引来一阵惊叫。值班经理李某马上赶到现场，发现香皂撒了一地，购物车都堵塞在通道上，促销员站在一旁发呆。后来据有关负责人指出：商场二楼楼层的承重指数为 400 kg/m$^2$，按照量贩店的销售需要，二楼必须采用重型货架，但是二楼承重远远达不到要求，所以被迫采用中型货架。结果这种货架在洗化用品部、文体部都发生层板被压弯、脱落，导致压坏商品的现象，因此不得不经常更换层板和其他配件。李某赶紧指挥疏导顾客，迅速组织理货员整理商品，更换货架，幸好没有发生人员受伤的情况。

**想一想**

这样的货架会对销售有何影响？

商品陈列，就是把具有促进销售功能的商品摆放到适当的地方。其目的是创造更多的销售机会，从而提高销售业绩。从销售学的角度来看，店铺内的商品陈列可分为交易商品陈列、样品陈列和储备商品陈列三种类型。

交易商品陈列是指摆放和陈列在柜台、货架、货柜，直接用于现场交易的商品。这种陈列方式具有流动快、更换勤的特点。

样品陈列是指大多数放在柜顶、样品柜或展示台，较少用于现场交易。样品陈列主要是固定的陈列品，流动性较小，它是商品陈列的主体。

储备商品陈列是指进入售货现场的备销商品。它主要是摆放在方便销售、不影响现场售货或不影响人员行走的地方，也具有一定的商品陈列意义，但不是陈列的主体，更多的储备商品应当存放在门市的仓库。

### 1. 商品陈列的基本形式

商品陈列一般有以下四种陈列形式：分类陈列、敞开陈列、专题陈列、季节陈列。

（1）分类陈列

指先按商品的大类划分，然后在每一大类中，再按商品的价格、档次、产地、品质等不同分类方法进行二次划分，如纺织品类、服装类、化妆品类等都可作为大类。在纺织品大类中，可再细分为化纤、棉布、丝绸、毛呢等。这种陈列形式便于顾客集中挑选、比较，也有利于反映门市的经营特色，这种方法适应大多数顾客，特别是理性的顾客。

（2）敞开陈列

指门市采用自选售货形式，顾客可以直接从敞开展示的商品中选择所需购买的商品。这是一种现代通行的售货形式，它把陈列与销售合二为一，把商品全部悬挂或摆放在货架或柜台上，顾客不需要反复询问，便可自由挑选。这种方式既方便顾客，使其感到自然和随意，又容易激发顾客的购买兴趣。这种陈列形式主要适用于服装、化妆品、大件耐用消费品、家具和袋装罐装食品等，但不适用于贵重商品、小商品，如金银首饰等。

（3）专题陈列

是结合某一特定事物、时期或节日，集中陈列展示应时适销的连带性商品；或根据商品的用途在特定环境时期陈列，又称作主题陈列。例如，中秋节，食品店中的月饼专柜；或每学期初，门市开设的学生用具专柜等。这种陈列方式迎合了普通顾客的即时购买心理，大多数形成某种商品的购买热潮。这种陈列形式必须突出“专题”或“主题”，而且不宜搞得过多、过宽，容易引起顾客的心理反感，认为门市是在搞“借机甩卖”，造成顾客的逆反心理。

（4）季节陈列

可视为“专题陈列”的特例，是根据气候、季节变化，把应季商品集中起来陈列，这是经营季节性商品的门市最常用的方式。四季服装、夏季纳凉商品、冬季御寒商品等季节性特征突出的商品一般采用这种陈列方法。它主要是迎合顾客应季购买的习惯心理，所以每逢换季，门市的季节陈列展销大都能收到较好的效果。

### 2. 商品陈列的原则

（1）安全性原则

不陈列非安全性商品，保证陈列商品的稳定性，保证商品不易掉落。商品进行彻底的卫生管理，给顾客一种清洁感。

（2）易见易取原则

所谓易见，就是要使商品陈列容易让顾客看见，一般以水平视线下方 20 度点为基准，其上方 10 度和下方 20 度内的区域，为容易看见的部分；所谓易取，就是要使商品陈列容易让顾客触摸、拿取和挑选。为遵循此原则，在进行商品陈列时，应主要考虑商品陈列的高度及远近。依商品陈列的高度，可将货架分为三段。

中段为手最容易拿到的高度，男性为 70～160 厘米，女性为 60～150 厘米，有人称这个高度为黄金位置，一般用于陈列主力商品或店铺促销的商品。

次上、下段为手可以拿到的高度，次上端男性为 160～180 厘米，女性为 150～170 厘米，次下端男性为 40～70 厘米，女性为 30～60 厘米，一般用于陈列次主力商品，次下端须顾客屈膝弯腰才能拿到商品。

上下端为手不易拿到的高度，上端男性为 180 厘米以上，女性为 170 厘米以上，下端男性为 40 厘米以下，女性为 30 厘米以下，一般用于陈列低毛利、补充性和体现量感的商品，上端还可以有一些色彩调节和装饰陈列。

（3）区分定位原则

所谓区分定位，就是要求每一类、每一项商品都必须有一个相对固定的陈列位置。

商品一经配置后，商品陈列的位置和陈列面就很少变动，这既是为了商品陈列标准化，也是为了便于顾客选购商品，除非因某种营销目的而修正配置图表。

### 3. 商品陈列的基本方法

同商品陈列的基本形式相似，商品在陈列中也有具体的陈列方法。一般来说，主要包括分层陈列法、悬挂陈列法、组合陈列法、堆叠陈列法、几何图形法、叠钉折法、道具陈列法等。

（1）分层陈列法

主要用于柜台或柜橱陈列，是指陈列时按柜台或柜橱已有的分层，依一定顺序摆放展示商品。分层摆放时一般根据商品本身特点、售货操作的方便程度、顾客的视觉习惯及销售管理的具体要求而定，可分为柜台陈列和柜橱陈列。

柜台陈列从顾客购买的角度来讲，属于低视角陈列，顾客一般要向下看才能看到柜台上陈列的商品。柜台陈列必须以适应近距离观看为主。柜台一般分为二至三层，只适宜陈列小型商品。上层和中下层外部陈列的商品是顾客注视的重点部位，这点应该引起重视。

柜橱陈列，主要是指非敞开售货时，在柜台和售货员后面用于陈列和储存商品的柜橱。柜橱一般较为高大，使用时下部多为储存随时销售的商品，中上部一般以展示陈列为主，兼作储存使用。下部作储存使用，在商品摆放时应考虑售货员拿取方便，多无陈列展示的要求。

（2）悬挂陈列法

主要用于纺织服装或小型商品陈列的方法，指将商品展示悬挂、安放在一定或特制的支撑物上，使顾客能直接看到商品全貌或能接触到商品。

悬挂陈列的使用一般可分为两种：一是高处悬挂，即在柜橱上方安放各种支架或展示网悬挂商品，大多属于固定陈列的一种，较少用于直接销售。目的是使顾客进店后从较远的位置就能清晰地看到商品，起到吸引顾客、烘托购物环境的作用。二是销售悬挂，主要用于敞开售货。悬挂的高度一般以 1.5 米为中心上下波动，这是我们国家顾客选购、平视浏览和触摸商品的正常高度。

悬挂陈列时应注意的是，固定悬挂起装饰作用的陈列商品应注意商品悬挂的艺术性，要加入一定的陪衬物。比如渔具店中，用蓝色线带模拟的水纹，一条咬住鱼钩的大鱼，周围配以不同的渔具悬挂在装饰网上，一般能使顾客产生向往的心情。

（3）组合陈列法

该法是按顾客日常生活的某些习惯组合成套陈列品，往往能给顾客以真实、熟悉和贴切的心理感觉。这种组合法，对顾客也是一种提醒和心理暗示，让顾客在一目了然之余，回味自己是否还缺点什么，以增加其消费欲望。

（4）堆叠陈列法

是将商品由下而上罗列的陈列方法。一般用于商品本身装饰效果较不突出，且属于大众化的普通商品。堆叠的作用是用数量突出商品的陈列效果，比如一些书城就常用堆叠法来摆放畅销、热销图书。

（5）几何图形法

是指将商品排列成几何图形进行陈列的方法，一般适用于小商品。具体分为两大类：一是用于柜台内平摆的陈列装饰。它将精致的小商品摆放成不同的图形，形成近距离观赏的优美环境。但对购买频率高的通用小商品来说，此法不可采用，体形稍大的小商品也不适用此法，因为商品较大一般使人感觉散乱不整，近距离视觉效果较差。二是用于柜橱、墙壁、橱窗上的立式陈列装饰。它是把小商品或顾客熟悉的小商品的内包装固定在展示壁上，组成几何图形或文字，主要考虑装饰的中远距离效果。这种装饰实质上是悬挂陈列的发展和变形，多是单一的陈列，而不是销售。

（6）叠钉折法

主要用于纺织品等“软型”商品的一种陈列方法，是指利用某些商品本身形体性不强的特点，将其折叠或摆放成各种形状，用大头钉和钉子固定在立式板面上，如将手帕、餐巾折叠成盛开的花朵或飞翔的蝴蝶，再配以适当的背景画，一般能产生较好的艺术效果。

（7）道具陈列法

指借用各种材料制作的支架、托板、模型和台架等来陈列展示商品，是一种广泛应用的陈列方法。

在上述陈列方法中，大多需要借助一定的陈列道具或工具以充分展示商品。道具陈列的最大作用在于能使顾客全面完整地了解商品、喜欢商品。在现代经营中，用于展示商品的道具，其多样性、实用性、灵活性等都达到了相当高的水平，能充分全面地展示商品的面貌和特点，刺激消费。

### 4.2.4 商品促销

零售业之间的竞争不仅表现在商品品种、商品质量、商品价格和销售服务方面，还表现在信息传播、促销手段方面。

现代市场营销不仅要求百货商场提供适销对路的商品，制定有吸引力的价格，使目标顾客易于取得需要的商品，而且要掌握其在市场上的形象，设计并传播有关外观、特点、购物条件以及商品给目标顾客带来的利益等方面信息，不断与现有及潜在的消费者进行沟通。商场这种利用有效形式和手段，向消费者和用户宣扬企业所提供的商品和劳务，用以激发购买动机和行为、促进销售、提高市场占有率的活动，即为商品促销。商品促销的主要手段如下。

#### 1. 营业推广

营业推广是商场在商品销售过程中，为刺激消费者购买，实行能给消费者带来直接利益的促销手段。主要有折扣优惠、降价销售、代金券、优惠卡、信誉销售、会员制、现场制作等。折扣优惠海报如图 4-2 所示。

#### 2. 服务促销

服务促销是商场以不断向消费者提供更多适应消费者需要的劳务为手段，扩大和促进商品销售的活动。好的服务促销项目不仅可以带动商品的销售，还可以为商场在公众面前树立好的形象。服务促销主要有电视购物、电话购物、休闲夜市、物品寄存、代客交费、商品质量鉴定、使用前培训、免费送货、内设儿童乐园和快餐店等。

图 4-2　折扣优惠海报

### 3. 文化促销

文化促销是商场以各种文化为纽带，营造经营气氛，吸引消费者购买的促销活动。文化促销是我国目前商场重要的促销手段之一，具体表现为：以文化创气氛、以文化树形象、以文化标特色、以文化造势、以文化公关等。主要有联谊会、文化广场、企业文化研讨、画展、影展、文化艺术讲座等。

### 4. 公关促销

公共促销是商场通过开展的有效的公关活动，在社会和公众中树立良好的形象，达到扩大商场知名度、促进商品销售的目的。主要形式有标示宣传、慈善捐赠、义卖、信息报道等。

### 5. 广告促销

广告促销是商场利用广告媒体向社会公众传播商场经营信息、促进商品销售、树立商场形象的一种活动。主要有各种媒体广告、店铺广告等。其中店铺广告是商场吸引消费者的重要一环，好的店铺广告，可以使商品引起消费者的注目，使消费者产生购买欲，并将商品带回家。

### 6. 人员促销

人员促销是零售店派出人员，向潜在的消费者介绍商品，劝告购买以达到销售商品目的的一种促销手段，它是促销人员与消费者直接面对面的沟通。主要有商品导购、销售展示、样品试用、展览会等。

#### 7. POP 促销

POP 促销是指企业在活动现场运用展示牌、标旗、海报等做现场促销宣传。终端 POP 广告，有“无声的售货员”和“最忠实的推销员”的美名。成功的 POP 广告能营造热烈的销售气氛，吸引消费者的视线，促成消费者购买产品，从而促进销售。由于终端 POP 具有促销作用，所以 POP 上的文字应当回馈最实在的利益给消费者，这样的 POP，才能即刻刺激消费者的购买欲望，并抓住消费者的心。

商场在实际的营销活动中，并不是每一种促销手段都要使用，要依据其本身的状况、销售商品的特点、目标消费者的特点、竞争对手的特点，以及节日、季节对销售和利润的影响等，选择合适的促销手段，并有机地组合在一起，以产生最佳的效果。

## 任务 3　成本核算

### 4.3.1　明确核算内容

#### 1. 零售企业成本核算的主要内容

零售企业在经营活动中发生的费用多种多样，其中最主要的费用为采购费用、库存费用、销售费用及人工费用，因此，零售企业成本核算主要包括以下几个方面。

（1）采购成本核算

采购成本是零售企业经营总成本中的重要组成部分之一，指商品采购的实际成本，包括商品的购买价格和进货费用。根据会计准则，进货费用包括企业在进货过程中所发生的运输、装卸、保险和燃料等费用，在进行成本核算时，可以将进货费用归于商品采购成本中，也可以单独归集计算。期末时，这些费用可以在已销商品和期末库存商品中分配，也可以计入销售费用中。为了简化核算通常将商品的进货费用直接计入采购成本中。

（2）库存成本核算

由于零售业具有商品库存数量繁多、金额较大的特点，库存成本的控制和管理已经成为很多零售企业关注的热点，特别是大型零售企业。一方面，企业必须购买充足的产品作为存货以保证销售部门销售商品的需要；另一方面，不合理的库存又给企业带来负面影响，导致库存面积和管理人员的增加，以及为保持合理库存而产生的管理费用的增加等问题，从而增加了零售业的库存成本。因此，对库存成本的核算也是零售业成本核算的重要内容。

（3）销售成本核算

零售企业的销售利润为商品销售收入和销售成本的差额，为计算企业的销售利润必须对企业的销售成本进行核算。销售成本指零售业的主营业务成本，即企业在销售商品的过程中发生的费用，零售业的销售成本主要包括销售商品的购进成本、为实现销售活动所产生的房租、销售环节发生的运输费用和包装费用等销售费用以及销售环节发生的税金。目前，多采用售价金额核算的方法来核算销售成本。

（4）人工成本核算

一直以来，房租和人工成本在零售企业总成本中的比重居高不下，其中，人工成本所占的比重为 32%，随着知识经济的发展，该比重有持续增长的趋势。零售业是一种商业行为，而人工成本对于企业而言是一种费用支出。零售企业通过对人工成本进行核算，将人工成本核算结果与员工绩效考核及企业整体效益实现情况相结合，从而为企业的劳动人事管理决策和企业的整体战略决策提供依据。

### 2. 零售企业现有的成本核算中存在的问题

零售业经过长期的发展，已逐渐将成本核算的管理思想和方法应用于零售业中，成本核算工作取得了很大的进展，特别是一些大型零售企业，对于成本核算的理论体系逐渐形成。但是，从整个零售行业上看，其成本核算工作仍然存在着一定的缺陷和不足，具体如下。

（1）零售企业对成本核算不够重视

由于零售企业自身的特点，大多数企业特别是中小型零售企业对于成本核算的认识还不够全面，很多企业在相关的成本核算组织和人员配备上过于简单，对于成本核算的认识程度不够清晰，使财务相关人员对于成本的管理和企业的其他管理不断产生矛盾，部分企业的成本核算人员的相关业务和知识储备有限，使零售企业的成本核算工作很难高效有序地开展。

（2）零售企业成本核算的准备工作不足

由于零售业经营商品种类和数量繁多的特点以及成本核算人员的能力限制，收集到的费用数据不准确、会计科目分类错误等现象不断发生，再加上成本核算方法的错误选择，使企业的成本核算工作难以进行，从而影响企业的财务管理活动。

（3）零售企业成本核算的方法选择不当

目前，成本核算方法多种多样，常见的有毛利率法，先进先出法，加权平均法，售价金额核算法和在售价金额核算法基础上进行改善的数量售价金额核算法以及作业成本法，每种方法都有其自身的优缺点以及与之相适应的企业组织类型。

成本核算是零售企业财务管理的必要环节，因此，必须给予充分的重视。针对零售企业成本核算过程中存在的问题，特提出几项重要举措：增强零售企业成本核算意识、积极做好成本核算的准备工作、完善零售企业成本核算体系、加强零售企业成本核算的信息化建设。

## 4.3.2 确定核算方法

常见的零售业成本核算的方法有毛利率法、先进先出法、加权平均法、售价金额核算法和进价金额核算法等，我们重点介绍毛利率法、售价金额核算法、进价金额核算法。成本核算方法并不是硬性规定的，由企业自行选择，但是，成本核算的方法一经确定，不得随意改变。

### 1. 毛利率法

毛利率法是根据本期销售净额乘以前期实际（或本月计划）毛利率匡算本期销售毛利，据此计算发出存货和期末存货的一种方法。计算公式如下。

销售净额＝商品销售收入－销售退回与折让

毛利率＝销售毛利/销售净额×100%

销售毛利＝销售净额×毛利率

销售成本＝销售净额－销售毛利

＝销售净额×（1－毛利率）

期末结存存货成本＝期初结存存货成本＋本期购货成本－本期销售成本

### 2. 售价金额核算法

这是在实物负责基础上，以售价记账，控制库存商品进、销、存情况的一种核算方法，其主要内容包括。

（1）建立实物负责制

根据岗位责任制的要求，按商品经营的品种和地点，划分为若干柜组，确定实物负责人，对其经营的商品承担全部责任。

（2）售价记账，金额控制

库存商品的进、销、存一律按销售价格入账，只记金额，不记数量。库存商品总分类账反映售价总金额，明细分类账按实物负责人分设，反映各实物负责人所经营的商品的售价金额，在总账控制下，随时反映各实物负责人的经济责任。

（3）设置“商品进销差价”账户

由于“库存商品”账户按售价反映，而商品购进支付的货款是按进价计算的，因此，设置“商品进销差价”账户，以反映商品进价与售价之间的差价，正确计算销售商品的进价成本。

（4）加强物价管理

商品按售价核算后，如遇售价变动，就会直接影响库存商品总额，因此，必须加强物价管理，明码标价。

（5）健全商品盘点制度

“库存商品”明细分类账按售价记账，没有数量控制，只有通过盘点才能确定实际数量，因此，必须加强商品盘点，才能检查库存商品账实是否相等及其实物负责人的工作质量和经济责任。

采用售价金额核算方法，可以简化核算手续，减少工作量，是零售企业商品核算的主要方法。其不足之处是由于只记金额，不记数量，库存商品账不能提供数量指标以控制商品进、销、存情况，一旦发生差错，难以查明原因。

### 3. 进价金额核算法

这是以进价金额控制库存商品进、销、存的一种核算方法。其主要内容包括。

（1）库存商品总分类账和明细分类账一律以进价入账，只记金额，不记数量。

（2）库存商品明细账按商品大类或柜组设置，对需要掌握数量的商品，可设置备查簿。

（3）平时销货账务处理，只核算销售收入，不核算销售成本。月末采取“以存计销”的方法，通过实地盘点库存商品，倒挤商品销售成本。其计算公式如下。

本期商品销售成本＝期初库存商品＋本期进货总额－期末库存商品进价金额

采用进价金额核算方法，可以简化核算手续，节约人力、物力，但手续不够严密，平时不能掌握库存情况，且对商品损耗或差错事故不能控制，一般适用于鲜活商品的核算。

## 项目小结

本项目通过对规划店铺、体验运营流程、成本核算等内容的分析，对零售运营进行了全方位的阐述。但随着人们消费方式和消费习惯的改变，传统零售已经不能更好地满足消费者的需求。此外，实体店铺由于长期注重经营流通渠道、终端平台，而不是商品和服务本身，所以不能真正地了解市场需求。到了移动互联网时代，流量成为所有企业与商家生存的关键因素，线下实体店铺在遭受电商行业冲击的同时，还面临行业内商品同质化严重的问题，这将导致线下店铺的客流量严重不足。线上电商早期借助互联网红利获得了飞速的发展，而现在，随着互联网流量红利期的消失，传统电商模式的发展进入了瓶颈期。为了能够获取更多的流量，线上流量与线下体验相融合是必然趋势。

## 项目测试

### 一、单项选择题

1．在店铺选址过程中，除了（　　），其他三个因素通常要结合考虑。

A．人口收入　　B．交通状况

C．附近居民构成　　D．附近卖场

2．店铺的选址三要素不包括下列选项中的（　　）。

A．驻足便利　　B．抓大捏小

C．莫忘店中店　　D．抓小放大

3．店铺的橱窗尺寸由于店铺类型、门面长度不同而有所区别。但长度和宽度的比例一定要符合视觉习惯。一般高、宽的比例以（　　）为佳，这便是常说的“黄金分割率”。

A．1∶2　　B．1∶0.618

C．1∶3　　D．1∶0.8

4．（　　）是加速资金周转、避免商品积压的重要条件，也是促进经营发展的一个根本性措施。

A．以需定进原则　　B．勤进快销原则

C．信守合同原则　　D．经济核算原则

5．（　　）指借用各种材料制作的支架、托板、模型和台架等来陈列展示商品。

A．组合陈列法　　B．叠钉折法

C．道具陈列法　　D．悬挂陈列法

6．（　　）是商场派出人员，向潜在的消费者介绍商品，劝告购买以达到销售商品目的的一种促销手段。

A．公关促销　　B．广告促销

C．人员促销　　D．营业推广

7．联谊会属于（　　）促销。

A．公关促销　　B．广告促销

C．人员促销　　D．文化促销

8．所谓易见，就是要使商品陈列容易让顾客看见，一般以（　　）内的区域，为容易看见的部分。

A．水平视线下方 20 度点为基准，其上方 10 度和下方 20 度

B．水平视线下方 10 度点为基准，其上方 10 度和下方 20 度

C．水平视线下方 30 度点为基准，其上方 10 度和下方 20 度

D．水平视线下方 20 度点为基准，其上方 20 度和下方 20 度

9．在产品生命周期（　　）阶段，采购业务部门在采购商品时应适当控制进货数量，不宜过多地储备，以避免造成商品积压。

A．萌芽期　　B．成长期

C．成熟期　　D．衰退期

10．对零售业进行成本核算，不包括下列选项中的（　　）。

A．采购成本核算　　B．库存成本核算

C．管理成本核算　　D．人工成本核算

## 二、简答题

1．店铺选址的步骤包括哪些方面？

2．店铺设计的基本理念是什么？

3．简述商品储存的作用。

4．商品促销的主要手段有哪些？

5．成本核算存在的问题有哪些？

项目 5

# 走进新零售

新零售电商模式的发展离不开技术和系统的支持。本项目的教学内容包括物联网、大数据与云计算技术、人工智能等技术在零售业智能仓储、消费画像、智能推广等领域的应用，系统介绍新零售供应链管理发展方向，并深入探究新零售经营模式。有助于学习新零售的相关知识和技能，辅助新零售经营管理人员适应市场变化、提升企业竞争力。

## 学习目标

### 素质目标

1. 提高科技素质，塑造科技强国意识。
2. 激发数字化转型创新思维和开拓创新精神。

### 知识目标

1. 了解区块链技术。
2. 熟悉云 ERP 系统。
3. 理解物联网、大数据与云计算、虚拟现实技术、供应链、新零售的特征。
4. 掌握人工智能、社群经济、智慧门店、全渠道融合。

### 能力目标

1. 能够应用数字技术、新零售模式帮助零售商进行销售、运营升级改造。
2. 能够正确运用客户画像技术认识消费者，缩短零售流通渠道，促进产品销售。
3. 能够应用新零售系统捕捉消费者需求的变化，采购适销对路的商品，扩大销量、减少库存。
4. 能够运用大数据分析，帮助零售商促进商品零售。

## 案例导入

2023年2月发布的《中共中央 国务院关于做好2023年全面推进乡村振兴重点工作的意见》(下文简称《意见》),是21世纪以来第20个指导“三农”工作的中央一号文件,《意见》涉及农村电商物流、农产品供应链、冷链物流等领域。国内某大型超市深入实施“数商兴农”和“互联网+农产品出村进城”工程,是将生鲜农产品引进现代超市的流通企业之一,也是国家级“流通”及“农业产业化”双龙头企业。该超市积极拥抱数字化改革,一直在积极引领行业创新。面对快速变化的消费需求和零售升级大趋势,超市在门店管理、会员体系搭建、消费者洞察、O2O业务拓展等细分场景中,通过新零售技术为企业经营带来更多数字化运营方面的提升。

经过与网络服务商的全方位交流,超市选择“全链路数字化部署”方案,串联线下零售全场景从六个维度助力超市经营智慧化升级。

门店商品:基于超市生活门店进行会员选品优化,深入洞察人货关系,关联消费者画像和商品偏好。

智慧门店打造:通过数据加工与分析,对商圈及门店的热销商品和顾客偏好进行数据化展示。

优化门店运营:通过大数据分析套件分析消费者在门店的游逛行为数据,为门店陈列、导购服务等提供数字化工具。

消费者门店全链路研究:构建消费者在店外停留、进店游逛和交易明细等线下门店全链路行为研究。

线下营销指导:提供精准潜客分布,为地推营销地理位置选择提供科学指导。

会员研究:对超市消费会员进行分类研究,深度分析消费行为。

超市通过全链路数字化部署,获得更多的科学工具用于支持日常业务决策,降低门店管理成本,洞察消费者偏好和行为特征,提升销量,全面拥抱智慧化升级。

**想一想**

案例中,该大型超市的数字化升级应用了哪些新零售技术?

# 任务1 运用新零售技术

线下实体店为消费者提供商品或服务具有可视性、可听性、可触性、可感性、可用性等特点，而传统线上电商从诞生之日起在购物体验方面就存在明显短板，随着我国居民人均可支配收入的不断提高，人们对高品质、异质化、体验式消费的需求推动传统线上电商企业突破“硬伤”，着力提供真实购物场景和良好购物体验，实现可持续发展。因此，探索运用新零售模式启动消费购物体验升级，是传统电子商务企业实现自我创新发展的有益尝试。

伴随新技术、新规范、新标准等涌现，新零售正加速推动业态的变革。新零售采用智能化、数字化等现代技术，将线上与线下、生产与消费、销售与服务等商业环节融合，推进消费购物方式的变革，构建零售业的全渠道生态格局，实现全渠道、全时空、精准化的零售服务。

## 5.1.1 物联网

### 1. 认识物联网

物联网是通过射频识别、红外感应器、全球定位系统、激光扫描器等信息传感设备，按约定的协议，把物品与互联网相连接，进行信息交换和通信，以实现对物品的智能化识别、定位、跟踪、监控和管理的一种网络。

### 2. 物联网技术在新零售行业的应用

物联网技术在数字零售行业的应用非常广泛。物联网技术可以在数字零售行业实现自动化、智能化的管理和服务，可以帮助零售企业提高营销、管理、服务等方面的效率，为零售企业提供更高效、更便捷的解决方案。典型的应用场景如下。

（1）智能仓储管理

企业通过物联网传感器和 RFID 技术，实现对仓库内货物的实时监控、远程跟踪、自动分拣、自动补货等，提高仓储效率和准确度。此外，该技术允许将库存数据自动传输到本地或云存储，并在必要时实时更新。数据集中有助于加快和简化库存审计，减少了人为因素影响并提高服务质量。RFID 技术数据传输与存储如图 5-1 所示。

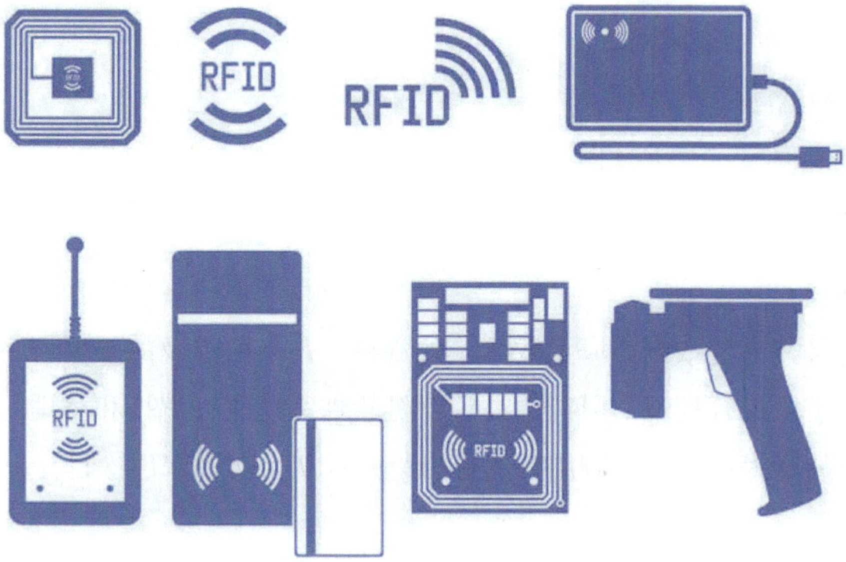


图 5-1　RFID 技术数据传输与存储

（2）智能零售展示

通过物联网传感器和人工智能技术，零售企业可以收集特定部门或产品区域的消费者行为信息，并监控消费者对特定产品布局、零售展示的反应。进而实现对店内客流量、商品热度等数据的实时监测和分析，从而优化商品摆放布局和促销策略，提高销售额和消费者满意度。例如，优化产品布局可以帮助零售企业增加客单价，从而提高整体盈利能力。同时，销售更多来自特定品牌和制造商的产品，可以帮助零售企业提升保质期较短商品的销量。

（3）智能支付

物联网允许零售企业引入先进的自动化功能，实现自动支付，加快和简化支付过程。零售企业应用自助收银机、无人售货机，通过物联网驱动的系统扫描产品的 RFID 标签，并在交易完成后通过他们的移动应用程序自动收款，提高支付速度和便捷度。零售企业采用自动结账解决方案后，减少排队的麻烦，改善消费者体验，增加市场竞争力。除此之外，通过实施物联网，零售企业还可以降低员工成本，员工可以专注于客户关系维护等重要任务，提高员工生产力。

（4）智能客服

通过物联网技术，可以实现自动化客服系统，如语音识别、智能问答机器人等，为消费者提供更快速、更准确的服务，提高消费者满意度。

（5）智能物流配送

通过物联网技术，可以实现对物流车辆、配送员等实时全天候监控和调度，提高物流配送效率和准确度。

## 5.1.2 大数据与云计算

### 1. 认识大数据技术与云计算

（1）大数据技术

大数据技术又称巨量数据、海量数据、大资料，是指所涉及的数据规模巨大到无法通过人工有限的技术手段进行处理，只能通过计算机软件系统进行编排和整理。通过大量的数据统计，了解用户的行为特征，推测用户的行为爱好，从而实现深层次目标。

### 知识拓展

国家大数据中心位于贵州贵安新区的大数据库灾备中心机房内，有着一根特殊的网络虚拟专线，这条专线跨越了北京与贵州之间超过 2 200 千米的距离，实现了国家与贵州灾备中心数据的同步传输和异地备份。

中国大数据网络的核心层由北京、上海、广州、沈阳、南京、武汉、成都、西安 8 个城市的核心节点组成。核心层的功能主要是提供与国际 Internet 的互联，以及提供大区之间信息交换的通路。其中北京、上海、广州核心层节点各设有国际出口路由器，负责与国际 Internet 互联，以及两台核心路由器与其他核心节点互联；其他核心节点各设一台核心路由器。核心节点之间为不完全网状结构。以北京、上海、广州为中心的三中心结构，其他核心节点分别以至少两条高速 ATM 链路与这三个中心相连。

（2）云计算

云计算是“分布式”计算的一种，通过数据的处理程序分解成无数个小程序，然后通过服务器系统进行处理和分析，最后得到结果再返还给用户。云计算过程如图 5-2 所示，云计算合理配置计算资源并提高利用率、节省成本、确保数据安全、拥有无限存储容量、备份和恢复数据、促进节能减排，从而实现绿色计算。

### 2. 大数据技术在新零售行业的应用

新零售行业涉及的数据量极大，涵盖了销售数据、库存数据、商品数据等多种类型数据。大数据融入新零售为企业带来巨大商机。在新零售时代，大数据不仅可以帮助企业更好地了解消费者需求，还可以通过智能化技术提供个性化的购物体验，为企业创造更多销售和业绩增长的机会。

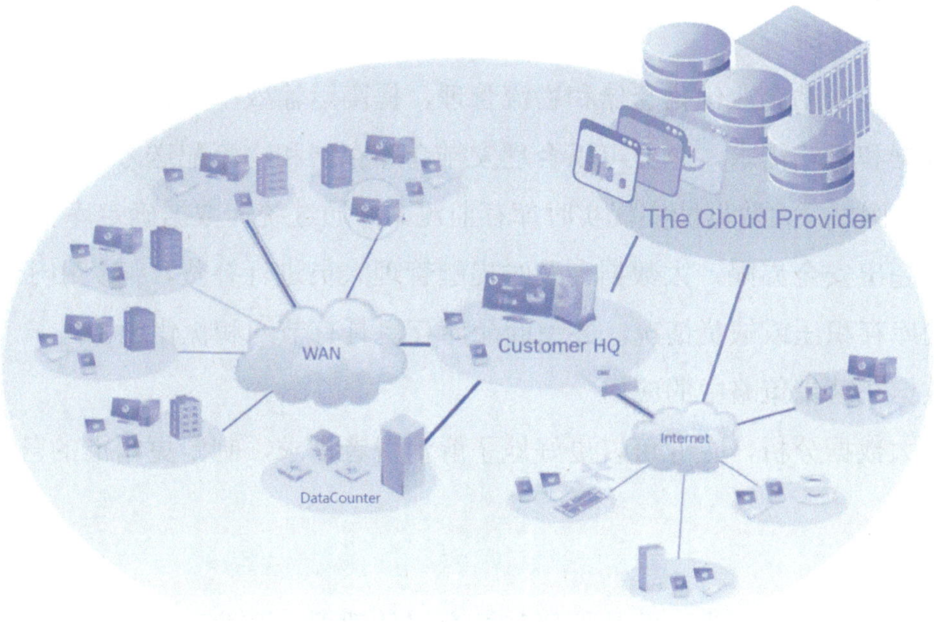


图 5-2　云计算过程

（1）大数据和新零售的融合

①大数据分析

在新零售行业中，大量数据被产生和收集，如销售数据、用户购买记录、社交媒体内容等。通过大数据分析，对商品销售情况和消费者需求进行深入研究，企业可以挖掘数据背后蕴含的商机，做出更明智的决策。例如，当“国风文化”成为运动服和女士时装热搜关键词时，从事服装经营的企业及时调整产品结构，选择中国风元素的商品上架，满足消费者需求，营销文案设计巧妙地融入民族自信、国货荣耀思想，使销售更具有针对性。

②个性化推荐

基于大数据分析的结果，企业可以通过智能化技术实现个性化推荐。通过分析用户的搜索习惯、浏览记录、购物历史和价格偏好等数据，商家可以描绘消费者画像，探究消费者消费偏好，进而调整产品、价格和服务，向用户提供满足消费偏好的推荐商品和服务，提高用户满意度和购买转化率。

（2）大数据在供应链管理中的应用

供应链管理是新零售中一个至关重要的环节。通过应用大数据技术，企业可以降低经营成本、提高运营效率。

①预测需求

通过分析历史销售数据和市场需求趋势，企业可以准确预测商品的需求量，并据此制订相应的采购计划。这可以避免过度库存或缺货的情况，提高商品的销售额和利润。

②优化仓储和物流

大数据技术能帮助企业优化仓储和物流管理，提高运输效率并减少物流成本。通过分析商品的销售数据和运输需求，企业可以合理安排仓库存储和物流配送方案，提高物流作业的效率和准确性。例如，大数据能实现实时库存监测，并通过统计数据确定库存水平和订购量。一旦库存水平超出安全界限，大数据会及时提醒管理人员进行补货，避免由于品类超出销售热度而造成的库存积压或缺货情况，并使商品库存更具有节约和优化性。

（3）大数据在营销策略中的应用

通过应用大数据分析，企业可以更好地了解消费者需求，制定更精准的营销策略，提升市场竞争力。

①用户画像

通过分析用户的消费行为、购物偏好和社交媒体数据，企业可以建立用户画像，深入了解目标用户的特点和需求，制定针对不同消费群体的个性化营销策略，提高广告投放的精准度和效果。

②优化营销活动

通过对营销活动数据的分析，企业可以评估不同营销策略的效果，并进行优化。通过实时监测和分析营销数据，企业及时调整广告投放时间和地域、投放平台、溢价比例、促销商品及促销力度等营销措施，提高广告投放的效果和回报率。

### 3. 云计算技术在新零售行业的应用

在新零售领域中，云计算技术发挥着越来越重要的作用，为零售企业提供了更高效、更灵活和更智能的解决方案。

（1）优化电子商务平台用户体验

云计算技术的应用使得电商平台具备了更高的扩展性和灵活性，可以快速响应市场需求，并实现大规模并发处理。基于云计算技术的电商平台可以提供更加优质的用户体验，包括更快的页面加载速度、更稳定的系统运行，以及更安全的交易保障。此外，云计算技术还为电商平台提供了大数据分析、智能推荐和精准营销等增值服务，帮助零售企业更好地了解消费者需求，提高销售效果。

（2）提高供应链管理效率

云计算技术的应用使供应链管理更加高效和精准。通过云计算平台，零售企业可以整合原材料采购、生产、运输和库存管理等环节，实现供应链的透明化和实时监控。基于云计算技术的供应链管理系统可以实时分析数据，预测市场需求，从而优化库存水平，实现原材料采购、生产和运输的智能决策，降低成本并提高效率。同时，通过云计算平台，零售企业还可以与供应商、物流服务商进行实时信息共享，提高协同效率。

（3）精准客户分析并推荐

应用云计算技术，零售企业可以更深入地分析和挖掘消费者数据，以便更好地满足消费者需求。基于云计算技术的大数据处理能力，零售企业可以实时收集、处理和分析消费者数据，包括购买行为、浏览行为、点击行为等，从而获得更全面的消费者画像。通过这些数据，零售企业可以为消费者提供个性化推荐和营销策略，提高消费者满意度和忠诚度。

（4）推动移动商务和 O2O 融合

基于云计算技术，零售企业可以构建移动商务平台，提供随时随地的高效购物体验。同时，云计算技术还可以实现线上与线下门店的打通，消费者可以在线上下单，线下提货并享受售后服务，提高购物的便捷性。此外，基于云计算的 O2O 模式还可以帮助零售企业提高运营效率，实现库存共享和调配，优化消费者服务。

（5）降低零售企业的 IT 成本

云计算技术架构具有弹性和可扩展性，为零售企业提供了强大的资源调度和扩展能力，可满足新零售市场环境和消费者需求多变的特点。云计算平台可以实时监控系统负载和业务需求，自动调整资源分配，确保系统的稳定性和高性能。它的可扩展性可以降低零售企业的 IT 成本，提高资源利用率，迅速应对市场变化，满足业务增长需求。

## 5.1.3　人工智能

### 1. 认识人工智能

人工智能（AI），是研究、开发用于模拟、延伸和扩展人的智能的理论、方法、技术及应用系统的一门新的技术科学。人工智能是智能学科重要的组成部分，本质是对人们思维的信息过程的模拟，尝试了解智能的实质，并生产出一种新的能以人类智能相似的方式做出反应的智能机器。人工智能的研究涉及哲学、认知科学、数学、神经生理学、心理学、计算机科学、信息论、控制论等，它属于自然科学和社会科学的交叉领域，是新一轮科技革命和产业变革的重要驱动力量。

#### 零售资讯

根据工业和信息化部 2024 年初发布的数据，目前我国人工智能核心产业规模已经达到 5 000 亿元，企业数量超过 4 500 家，人工智能的飞速发展正在给我们的生产生活带来巨变，中国正在这场 AI 大战中崭露头角。在基于语音识别与人工智能科技的某无人超市里，消费者只需通过手机上的 App 呼叫，然后语音下订单即可。在购买过程中，AI 系统会通过语音分析和消费者的购物历史等信息来推荐相应商品及优惠活动。同时还能帮助消费者预测自己未来的购物需求，使购物变得更加智能和方便。

### 2. 人工智能在新零售行业的应用

伴随人工智能的快速发展，越来越多的零售企业开始将其运用到购物体验中，为消费者带来更加智能化、个性化的服务。在新零售时代，基于机器学习的商品推荐、语音识别和自然语言处理等技术，极大地提升了消费者的购物体验，人工智能与购物体验的结合是不可或缺的一环。

（1）AI 驱动智能化零售场景

随着人工智能的不断发展，智能化零售场景也日益成熟。智慧门店、智能标签、RFID 技术等一系列智能化技术为零售企业带来新的商业机会和变革。自助购物系统、智能购物车、扫码付款等智能零售的场景有助于消费者实现便捷、快速的购物体验。无人超市、无人店铺等便是此类应用中的佼佼者，它们通过使用数以千计的摄像头、物联网传感器和基于计算机视觉的系统，利用人工智能技术中的图像分类、物体检测、光学字符识别、人体姿势估计和活动识别等技术，实现新零售无人收银。消费者进入商店、将货物添加到他们的购物车，AI 技术根据消费者的肢体动作、店铺定位、商品布局及商品的移动，自动检测价格，自动进行人脸验证支付结算，有效地为消费者提供更加便捷的购物体验。

（2）AI 驱动个性化购物体验

通过收集和分析消费者的购物行为、浏览记录和喜好等数据，AI 可以为消费者提供精准、个性化的商品推荐。这种推荐不仅可以提高消费者的购物体验，还可以帮助电商平台提高转化率和销售额。此外，AI 还可以通过实时分析消费者反馈，不断优化推荐算法，帮助企业提供更加精准的商品推荐、智能化的交互方式等。例如，购物平台会根据消费者所在的区域，为消费者推荐当前的热门商品和本地企业的优惠信息。这种方式可以让消费者获得更加准确和个性化的信息，增强对平台的黏性。

（3）AI 驱动精准营销活动策划与执行

AI 在掌握消费者的需求和购买行为之后，可以为企业制定更加科学的营销策略，可以准确预测商品购买量和消费者可能感兴趣的促销活动内容。而且，通过学习和分析消费者数据，人工智能还可以自动执行营销活动，实现更加高效和成功的市场营销。

（4）AI 驱动快速问题答复

基于人工智能技术的新零售，还可以通过智能客服来提高消费者的服务体验。利用自然语言处理和机器学习技术，新零售可以帮助消费者快速解决问题、提供有针对性问题的自动回复。

## 5.1.4 区块链技术

### 1. 认识区块链

区块链是一种分布式数据库技术，通过去中心化、去信任化的方式，以链式数据结构来存储数据与交易记录，并以密码学算法保证数据不可篡改、不可伪造。通俗地说，区块链是一种分布式账本（数据库）技术，可以在无须第三方背书的情况下实现系统中所有数据信息的公开、不可篡改伪造和可追溯。

（1）狭义区块链是按照时间顺序，将数据区块以顺序相连的方式组合成的链式数据结构，并以密码学方式保证的不可篡改和不可伪造的分布式账本。

（2）广义区块链是利用块链式数据结构验证与存储数据，利用分布式节点共识算法生成和更新数据，利用密码学的方式保证数据传输和访问的安全，利用由自动化脚本代码组成的智能合约，编程和操作数据的全新的分布式基础架构与计算范式。

### 2. 区块链在新零售行业的应用

（1）供应链管理

区块链可以实现对商品的全程追溯，确保商品的真实性和质量。通过将商品信息记录在区块链上，可以实现供应链的透明化和可追溯性，减少假冒伪劣商品的流通，提高用户的信任度。

（2）数据安全

新零售行业涉及大量的用户数据和交易数据，区块链可以提供更加安全和可信的数据存储和传输方式。通过将用户数据和交易数据加密并记录在区块链上，可以防止数据被篡改和泄漏，保护用户隐私和商业秘密。

（3）金融服务

区块链可以改变传统的支付和结算方式，提高支付的效率和安全性。通过使用区块链，金融企业可以实现实时结算和跨境支付，减少中间环节和费用，提高支付的便捷性和透明度。

（4）用户体验

区块链可以提供个性化和定制化的服务，改善用户体验。通过分析区块链上的用户和交易数据，为用户提供个性化的推荐和优惠，提高用户满意度和忠诚度。

**零售案例**

某科技公司为上海一机场提供“拿了就走、无感支付”新技术，减少了消费者排队支付时间，收银效率与普通便利店相比提高 78%，既满足了消费者急速购物的需求，又为门店提高了运营效率。借助智能互动广告屏、智能价格牌等营销手段，实现了对潜在消费者的精准推送，提升了消费者的转化效率。

（5）众筹和众创

区块链可以为新零售行业的创业者和创新者提供融资和众筹的机会。通过发行代币和智能合约，可以实现去中心化的融资和众筹，降低融资门槛，促进创新和创业。

## 5.1.5 虚拟现实

### 1. 认识虚拟现实

所谓虚拟现实，顾名思义，就是虚拟和现实相互结合。

虚拟现实（VR），又称虚拟实境或灵境技术，是一种可以创建和体验虚拟世界的计算机仿真系统，将现实生活中的数据，通过计算机技术产生的电子信号，将其与各种输出设备结合使其转化为能够让人们感受到的技术。这些现象可以是现实中真真切切的物体，也可以是我们肉眼所看不到的物质，通过三维模型表现出来，生成一种模拟环境，使用户沉浸到该环境中。

### 2. VR 在新零售行业的应用

VR 全景智慧门店是指将虚拟现实技术应用于实体门店，为消费者提供沉浸式的购物体验。通过将虚拟与现实相结合，消费者可以在实体门店享受到虚拟世界带来的全新感官体验。

（1）VR 全景智慧门店的特点

①真实感强

VR 可以高度还原实体门店的空间、产品以及服务环境，让消费者仿佛身临其境。

②互动性高

消费者可以通过 VR 设备与虚拟环境互动，获得更加丰富的购物体验。

③个性化服务

通过分析消费者的行为数据，为消费者提供个性化的购物建议和服务。

（2）VR 全景门店的优势

①提升品牌形象

运用前沿的 VR 展示企业的创新形象，增强品牌影响力。VR 全景门店能够使消费者对品牌产生新颖的认知，进而提升品牌在市场上的竞争力。

②增强消费者黏性

沉浸式的购物体验使消费者更愿意回访门店，提高消费者黏性。通过在门店设置 VR 全景区域，吸引消费者亲身体验，增加他们在门店的停留时间和购买意愿。

③提高销售转化率

借助个性化建议、虚拟试穿等功能，促使消费者更容易做出购买决策，提高销售转化率。消费者在 VR 全景门店中可以直观地看到商品的外观、尺寸等信息，有利于消费者做出更明智的购买选择。

④扩大市场覆盖

VR 全景门店不仅可以在实体门店中应用，还可以借助互联网进行在线推广。消费者无须前往实体门店，便可在家体验沉浸式购物，从而扩大市场覆盖，提高品牌知名度。

⑤环保节能

与传统门店相比，VR 全景门店可以有效降低能源消耗，减少碳排放。通过数字化展示商品，门店不仅可以降低物流成本，还可以减少纸质宣传资料的使用，实现绿色可持续发展。

## 任务 2 认识供应链

### 零售案例

某国际大型超市通过发射私人卫星，建立了自己的中央数据处理系统，该技术使得该超市可以在一小时之内对全球超过 4 000 家门店的各种商品的库存、销售、订单等情况盘点一遍，全程供应链从订单到商店的时间控制在 3 天之内。

**想一想**

新零售时代下新型供应链的发展趋势如何？

新零售时代下的供应链是数据和技术驱动的。不能仅靠人、流程、硬件设施等要素简单堆砌和叠加，而是要朝智慧化、数字化、技术化的方向发展。

### 5.2.1 供应链模式

新零售时代，供应链管理面临着新的挑战和机遇。在传统零售模式下，供应链管理主要关注产品的生产、运输和库存管理等环节，而在新零售时代，供应链管理需要更加注重数据驱动、智能化和个性化定制等方面。

#### 1. 构成传统供应链的基本要素

供应商：指给生产厂家提供原材料或零件、部件的企业。

厂家：产品制造商，负责产品生产、开发和售后服务等，是产品生产最重要的环节。

分销企业：为实现将产品送到经营地理范围每一角落而设立的产品流通代理企业。

零售企业：将产品销售给消费者的企业。

消费者：供应链的最后环节，也是整条供应链的唯一收入来源。

#### 2. 供应链管理

供应链管理涉及从供应商、厂家、分销企业、零售企业到最终消费者的整个过程，包括产品制造、转运、分销和销售等环节。供应链管理不仅包括对物流的管理，还涵盖了信息流和资金流的管理，目的是提高整个供应链的运营效率，降低成本，同时优化消费者服务水平。供应链管理强调对供应链中所有关系的有效管理，包括供应商、渠道合作伙伴（如批发商、分销企业和零售企业），以及最终消费者，通过协调和优化供应链的各个环节，如计划、采购、制造、配送和退货，来共同满足消费者需求。

#### 3. 供应链运作模式

供应链运作模式大致可以分为三种：一种是推动式（Push）供应链运作模式，一种是拉动式（Pull）供应链运作模式，另一种是推拉结合（Push and Pull）供应链运作模式。

（1）推动式供应链运作模式

推动式供应链运作模式以厂家为核心，产品生产出来后从分销企业逐级推向消费者。分销企业、零售企业处于比较被动的地位，各个企业之间的集成度较低。

推动式供应链运作模式的核心是通过备货式生产（Make to Stock，MTS）的方式来应对需求，通常采取提高安全库存量的办法来应对需求波动，因此整个供应链上的库存量较高，对需求变动的响应能力较差。

推动式供应链运作模式具体过程表现为：采购→入库→售卖→发货。

①采购系统根据需求进行采购下单，采购订单上传仓储管理系统，供应商按照采购订单进行履约送货。

②仓库收货后在仓储管理系统进行入库操作，货物入库后会产生库存，仓储管理系统将库存信息同步到销售平台。

③运营部门对商品进行定价，信息维护，商品上架到平台售卖。

④消费者下单后，销售平台将订单发货信息上传到仓储管理系统，仓库根据订单完成拣货、复核、打包、发货等操作。

（2）拉动式供应链运作模式

拉动式供应链运作模式的驱动力来源于消费者，这种供应链运作模式的集成度较高，信息交换迅速，可以根据消费者的需求实现定制化服务，因此整个供应链上的库存量较低。

拉动式供应链运作模式的核心是通过订单式生产（Make to Order，MTO）方式来应对不断变化的市场，提前将不确定性需求转化为确定性需求。

拉动式供应链运作模式，具体过程表现为：售卖→采购→入库→发货。

①运营部门对商品进行定价、设置虚拟库存后将商品上架到销售平台售卖（预售）。

②消费者下单后，销售平台将订单信息同步到采购管理系统，采购人员根据订单信息向供应商订货。

③供应商履约送货，仓库收货后在仓储管理系统中提取采购订单信息进行收货入库。

④入库后产生商品库存信息并同步到订单履约中心，系统自动触发预售订单下发仓储管理系统，仓库的相关人员依据订单完成拣货、复核、打包、发货等操作。相比推动式供应链，拉动式供应链的优点在于推动商品减少无序流转，促进商品实现按需生产。另一个优点就是可以减少企业库存，推式、拉式供应链模式对比如图 5-3 所示。

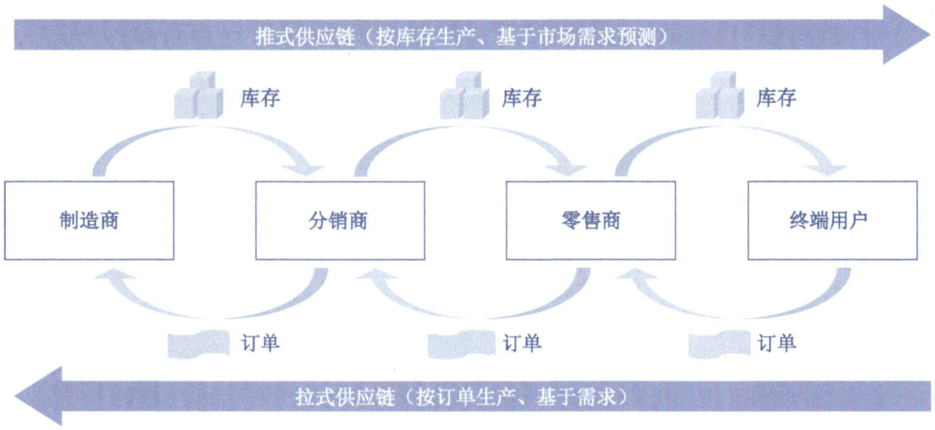


图 5-3　推式、拉式供应链模式对比

但是拉动式供应链运作模式对市场的把握能力、供应链成员之间业务流程的配合度要求高。推动式供应链相对容易实施，但其运作模式容易导致大量库存积压。

至于如何选择供应链运作模式，有哪些影响因素，这跟企业的管理文化、管理能力、产品本身特性及供应链核心企业对市场需求的预测能力是相关的。

何为备货式生产与订单式生产？

备货式生产也称存货型生产或按库存生产，是在对市场需求量进行预测的基础上，有计划地进行生产，保证产品有库存。

订单式生产即面向订单生产，最终产品是在收到消费者订单后才能确定，接到订单后，才开始组织生产。

（3）推拉结合供应链运作模式

拉动式供应链有着特殊的优势，但如果生产所需要的原材料也采取这种模式，整个产品生产制造的时间过长，供应链对市场订单供货响应速度也会变慢，且不容易形成规模经济。

拉动式供应链和推动式供应链结合起来形成混合式的供应链模式，即推拉结合供应链运作模式是基于订单和消费者需求进行的。在推式阶段，产品形态一般以半成品存在，这些产品具有通用性，可基于对生产制造时间的需求预测做生产计划，并将半成品库存逐级分发到供应链中的推拉边界，有利于形成规模经济。当终端消费者下单后，再从推拉边界的节点上对消费者订单进行最终加工组装，订单将半成品加工成最终产品，配送给终端消费者，实现快速有效的消费者反应。因此，切入点之前是推动式生产阶段，切入点之后是拉动式的差别化定制阶段。拉动式和推动式结合起来形成混合式的供应链模式如图 5-4 所示。

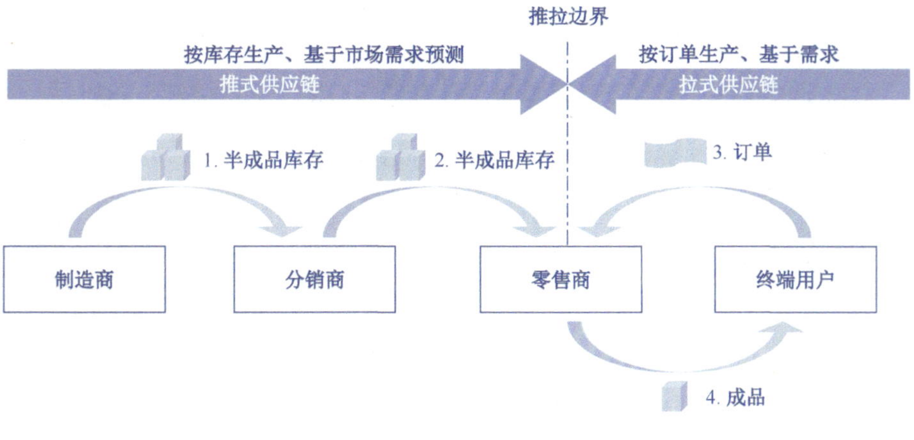


图 5-4　拉动式和推动式结合起来形成混合式的供应链模式

### 4. 新零售时代下供应链模式的特点

（1）强化数据驱动

在新零售时代，供应链管理越来越依赖大数据分析和人工智能，数据共享是实现供应链高效运转的关键。通过对海量数据的分析，企业可以更好地了解消费者的需求和行为，从而优化供应链的设计和运作。数据驱动的供应链管理可以帮助企业实现市场需求精准预测、消费者需求快速响应，从而提高生产效率和销售效果。

（2）构建智能供应链

智能化供应链可以通过技术手段实现物流、库存、订单等多个环节的自动化管理，提高整体运作效率。例如，机器学习算法可以帮助企业更好地预测市场需求和调整供应计划；无人机、机器人等技术进行物流配送和仓储管理，RFID 技术进行库存实时监控和管理，可以提高物流效率和准确性；人工智能可以优化库存管理和订单处理流程，实现订单自动处理和分配，降低成本和提升效率。

（3）支持个性化定制

新零售时代下，消费者对产品的个性化定制需求越来越高。供应链管理需要更加灵活和快速地响应消费者的需求，实现定制化生产和快速交付。个性化定制不仅可以提升消费者的购物体验，还可以帮助企业实现差异化竞争和提高市场份额。

（4）加强品牌合作

在新零售环境下，品牌合作是实现供应链协同的关键。不同品牌之间需要进行有效的合作，共同推进产品研发、生产和销售等环节。通过品牌合作，企业可以实现资源共享、风险分担和利益共赢，提高整体竞争力。

（5）优化供应链管理

供应链管理是新零售环境下企业必须重视的方面。企业需要从采购、生产、物流等多个环节入手，优化供应链管理流程，提高整体效率和质量。例如，在采购方面可以采用电子招投标等技术手段提高效率；在生产方面可以采用精益生产等管理模式提高效率和质量；在物流方面可以采用智能配送等技术手段提高效率和准确性。

### 5. 新零售时代下供应链管理的挑战

（1）供应链透明度

在传统零售模式下，供应链管理往往存在信息不对称和透明度不足的问题。新零售时代，供应链管理需要实现信息的共享和透明，以便更好地协调各个环节的运作和优化整体效率。

（2）供应链风险管理

新零售时代下，供应链管理面临更多的风险挑战，如供应商倒闭、物流延误、市场需求波动等。企业需要建立健全的风险管理体系，及时识别和应对各种潜在风险，保障供应链的稳定和可持续发展。

（3）供应链协同

在新零售时代，供应链管理需要实现各个环节的协同合作，包括供应商、厂家、物流商和零售企业等各方之间的协同。只有实现供应链各环节的紧密协作和信息共享，才能更好地满足消费者的需求，提高整体运营效率。

## 5.2.2 云 ERP 系统

### 1. 认识 ERP 系统

ERP（Enterprise Resource Planning）是建立在信息技术基础上，以系统化的管理思想，为企业决策层及员工提供决策运行手段的管理平台。ERP 系统包括以下主要功能：供应链管理（SCM）、销售与市场、分销、客户服务、财务管理、制造管理、库存管理、工厂与设备维护、人力资源、报表、制造执行系统（Manufacturing Execution System，MES）、工作流服务和企业信息系统等。此外，还包括金融投资管理、质量管理、运输管理、项目管理、法规与标准和过程控制等补充功能。

ERP 是将企业所有资源进行整合集成管理，简单地说是将企业的三大流（物流、资金流、信息流）进行全面一体化管理的管理信息系统。

### 2. 传统 ERP 系统和云 ERP 系统的区别

二者在部署方式、投入维护成本、性能与响应速度等方面都有所区别。但在 ERP 的部署方式和服务商选择上，企业还是需要站在自身的功能需求和预算层面考虑，选择适合自己的系统。

（1）传统 ERP 系统的缺点

①只能在固定设备上使用，需要安装专门的客户端程序，安装部署耗费的时间较长，对于规模较大的企业不能快速配置和扩张。

②投入成本高。安装部署传统的 ERP 系统需要购买相关的硬件设备。

③维护成本高。传统 ERP 系统的维护需要聘请专业的 IT 团队，并且需要定期维护。

④传统 ERP 系统流程一旦发生改变，就需要进行二次开发，导致 ERP 系统更新速度慢、效率低。

（2）云 ERP 系统与传统 ERP 系统对比的优势

①部署周期短。云 ERP 系统无须下载或安装，可以通过浏览器登录对应的系统使用，海量的数据处理则交给云端的服务器负责。

②支持多设备（手机、平板等）、随时随地使用，有网即可使用云 ERP 系统，实现数据处理和业务处理的及时响应。

③投入维护成本低。一般来说，云 ERP 系统的维护和升级是由服务商提供，企业只需向服务商支付云服务的费用即可，可按需付费，降低了企业数字化建设的门槛。

④灵活度高。云 ERP 系统可以及时进行更新和升级，节约了人力物力成本，提升了企业的经营效率。

⑤云 ERP 响应速度更快、执行效率更高。

### 3. 云 ERP 系统在新零售行业的应用

由于数据处理能力强、响应速度快的优势，云 ERP 系统在新零售各个方面都发挥着积极的作用。

（1）云 ERP 系统主要功能

①数据整合管理

零售企业由于门店和供应商分布广，客流量大，信息数据量大。云 ERP 系统可以统一管理采购、生产、销售、门店管理和库存管理，减少沟通成本和不必要的资源浪费。

②门店运营管理

云 ERP 系统的日常运营，主要包括前台零售操作、库存补货操作、库存分配操作、库存盘点操作、现金盘点操作等功能，主要功能是流程自动化和实时动态云管理。

③促销管理

零售店营销活动频繁，类型多样。云 ERP 系统可以支持定向渠道或平台促销活动的分发和推送，可以离线、异步配置和设置；支持多样灵活的推广方式；计算推广成本，给零售企业提供实时成本利润计算和预警。

④预控力

云 ERP 系统通过整合企业集成管理与各子系统，合理分配和使用企业资源，通过 App 进行事前计划和事中控制云端管理。

（2）云 ERP 应用实例

以下结合某云 ERP 系统，从采购业务、零售业务、仓储业务、财务管理方面进行功能说明。某云 ERP 系统功能如图 5-5 所示。

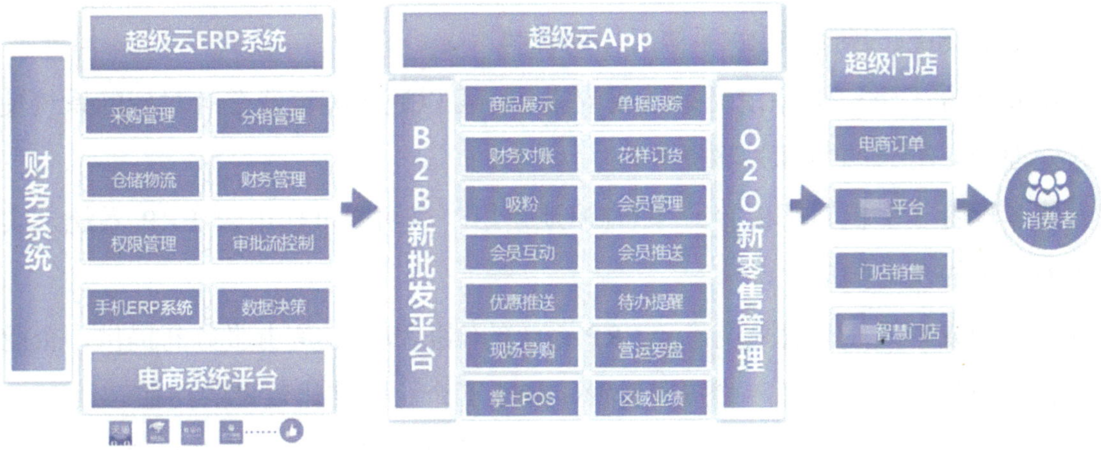


图 5-5　某云 ERP 系统功能

①采购业务：具体包括采购申请、采购需求、采购计划、采购询价、采购合同、采购订单、收货、验收、退货、入库、付款、应付、采购报表等业务。

②零售业务：具体包括云 POS、零售、退换货、促销、优惠券、会员卡、会员消费、会员充值、会员积分、零售报表等业务。

③仓储业务：具体包括在库盘点、盘损盘溢、内部调拨、机构调拨、其他收发货、拆装、在库养护、有效期管理、库存预警、库存报表等业务。

④财务管理：具体包括云报销、收入、支出、缴款、借款、收款、付款、往来、云出纳、云会计、财务报表等业务。

# 任务 3　探究新零售的模式

新零售技术在引领零售业发展中具有重要作用。不仅满足了消费者多元化和个性化的需求，也提升了零售业的效率和灵活性。无论是商场、超市还是便利店，无不受益于新零售技术和供应链管理的推动，零售业已经迎来大规模智能化的变革。

## 5.3.1　认识新零售的特征

无论线上线下，零售业依靠“流量红利”的时代已经过去，之前“补贴换增长”的模式不可持续。新零售环境下消费者的触点、购买渠道在线上线下更加分散，零售商需要运营的流量阵地也越发复杂。过去的实体零售商现在要跨线上线下、私域公域，通过不同渠道、触点与消费者建立连接。

新零售商在线上不仅要运营私域的商家社群、公众号、企业微信，还需要布局公域的网络销售平台、社交平台、短视频/直播平台等。全渠道、精细化的流量及用户运营能力，是零售商实现流量价值最大化的必备能力。新零售呈现以下典型特点。

#### 1. 渠道一体化

多渠道深度协同融合成“全渠道”。新零售消费者随时随地都可以出现在实体门店、网店、各类销售 App、外卖平台、社交平台，以及卖货直播频道等各种零售渠道。零售商不仅打造多种形态的销售场所，还实现多渠道销售场景的深度闭合，各类商品、店面库存、商家会员、客户服务等多环节贯穿成的一个系统，一体化满足消费者购物的需求。

#### 2. 经营数字化

新零售通过数字化把各种行为和场景搬到线上，然后实现线上线下融合。零售卖场的空间由零售商通过技术与硬件重构，通过门店数字化和智能化来改造终端，依托店铺物联网实现智能化，通过应用智能硬件（POS 机、触摸屏等）使店铺空间得以延展，构建数字化和智能化零售场景。应用新零售技术，实现消费者群体、零售商商品、商品营销、商品交易全环节运营的数字化。所有数字化战略中，消费者数字化是基础和前提。

#### 3．消费场景化

新零售环境下，消费场景不再局限于传统的实体店面，而是涵盖线上、线下、社交、娱乐等多种场景。消费者可以通过手机、电脑等多种渠道进行购物，同时也可以在社交媒体、零售店实体现场进行消费。

#### 4. 体验极致化

新零售环境下消费者的需求越来越多样化、个性化。消费者对于商品的品质、服务的质量、购物的便捷性、售后的周到性等方面的体验要求也越来越高。因此，零售商需要以消费者立场为出发点，主动升级消费体验，提供个性化的极致消费体验，满足消费者的不同需求。

#### 5. 内容电商化

新零售行业新兴消费群体追求娱乐化、社交化的生活方式，新零售围绕 IP、KOL、直播、热点事件等进行内容创造，实现商品随内容的同步流通与转换的目标，有效提升电商营销效果，实现多方位赋能，给全链条参与者带来新价值。

### 5.3.2 新零售模式

新零售将传统零售业与互联网技术相结合，通过线上线下融合、数据驱动、智能化运营等方式，打造更便捷、个性化、高效的零售体验。目前常见的新零售模式如下。

### 1. 智慧门店

智慧门店是依靠物联网和人工智能技术等高科技手段打造的全新零售模式。

（1）智慧门店的内涵

智慧门店是移动互联网的一种创新模式，是一套通过融合人工智能、物联网、大数据、5G等先进技术，重构门店人、货、场，助力品牌和门店建立和消费者的深度链接软硬件一体化解决方案。智慧门店旨在通过提供个性化服务、更高效的运营和更好的消费者体验，来满足消费者的不同购物需求。智慧门店常常会配备各种智能设备，如人脸识别系统、虚拟试衣镜、智能导购机器人等，以提升消费者的购物体验感。

智慧门店的核心就是希望解决消费者在店时的体验和离店后的连接和服务，整个智慧门店重新建构和定义了门店的四个元素：会员、体验、导购、运营，实现智慧门店提升消费者体验、引流转化和降本增效的目的。

智慧门店帮助零售商实现门店数字化、智能化转型。每一个到店的人都是店铺的资源，将这些资源数据串联并整合起来，将生客变成熟客、熟客变为会员、会员再变成愿意二次分享的忠实会员，最终形成不断循环增值的智慧店铺模式，实现经营模式的升级改变。

（2）打造智慧门店需要考虑的因素

①物联网技术应用：将各种设备和传感器连接到互联网，并通过数据分析和人工智能实现智能化管理和运营。例如，当前我国智慧客流人数统计摄像机已经成为商场、车站、机场等公共场所的重要设备。在分析人群图像的过程中，人工智能可以识别出人群不同的特征，如性别、年龄、穿着等。根据这些特征，像统计摄像机可以为每个人群打造个性化的标签，如“多次参加公益事业的男士”“穿着运动装的年轻人”等。这些个性化的标签可以帮助商场、车站等场所更好地了解消费者的需求，提供更精准的服务。此外，在商业领域，还可以根据个性化的标签，利用智能货架进行库存管理和销售预测等。

②移动支付和无人收银：通过扫码支付、人脸识别等技术提供移动支付和无人收银服务，方便消费者快速结账，减少人力成本。

③个性化推荐和营销：通过消费者数据分析和机器学习算法，实现个性化推荐和营销活动。根据消费者的购买记录和偏好，向其推荐相关产品和促销活动，提高销售转化率。

④虚拟体验和AR：利用虚拟体验和虚拟现实，让消费者在不试用安装实物的情况下，通过虚拟影像看到自己虚拟体验的效果。这样可以提升购物体验，减少消费者的试用时间。

⑤数据分析和预测：通过对消费者数据、销售数据和市场趋势的分析，提供实时的销售

数据和预测，帮助门店管理者做出更准确的决策，优化库存管理和销售策略。

⑥无线网络覆盖和智能导航：为消费者提供稳定的无线网络覆盖，方便消费者在门店内使用手机进行购物和咨询。同时，通过智能导航系统，为消费者提供导航服务，指引他们快速找到所需商品。

⑦人工智能客服和智能机器人：利用人工智能技术，为消费者提供 24 小时在线的客服支持。可以通过智能机器人来回答常见问题和提供基本的售后服务，减少人工客服的工作量。

### 2. 无人零售

无人零售对于零售商而言是利用人工智能、物联网等技术，在不需要人员操作的情况下完成商品销售，并实现自主贩货、结算清算、库存管理等功能。无人零售店铺通常会使用智能摄像头、传感器和自动售货机等设备监控库存和顾客的动向，并通过智能算法进行数据分析和处理，实时监控商品库存、消费者行为等信息，并根据需求进行自动补货和调整价格。无人零售对于消费者而言则可通过手机扫描二维码、人脸识别或感应器等方式进入店铺，自主选购商品并使用移动支付自行结账。如某生鲜无人店铺，无人门店利用智能摄像头和传感器监测商品的拿取和放回，消费者可以通过手机 App 下单并完成支付。

无人零售的优势包括节省人力成本、提高运营效率、提供更便捷的购物体验等。消费者可以随时随地购买商品，无须排队等待；零售商可以减少人力资源的投入，降低运营成本；而且无人零售店可以 24 小时运营，满足消费者的个性化需求。国内某机场 24 小时无人零售店如图 5-6 所示。

图 5-6　国内某机场 24 小时无人零售店

### 3. 社群电商新零售

社群电商结合了社交媒体和电商平台，通过社交渠道进行商品推荐、购物分享和销售。消费者可以在社交媒体上浏览商品、了解产品信息，并通过社交分享和口碑传播促成购买行为。

（1）社群的意义

①社群能够让消费者形成真实的闭环互动关系，重新获取信息和利益分配的能力。

②社群使互动和交易成本大幅降低，从而令优质内容溢价得以实现。

③社群能够产出独特的共享内容，彻底改变内容创作者与消费者之间的单向关系。

（2）社群经济的内涵

社群经济是指互联网时代，一群有共同兴趣、认知、价值观的用户抱成团，发生群蜂效应，在一起互动、交流、协作、感染，对产品品牌本身产生反哺的价值关系，是一种建立在产品与用户群体之间的情感信任和价值反哺，共同作用形成自运转、自循环的范围经济系统。产品与消费者之间不再是单纯功能上的连接，消费者开始在意附着在产品功能之上的诸如口碑、文化、人格魅力等，从而建立情感上的无缝信任。

（3）社群经济的特征

社群经济能将单纯卖产品转为打造终身消费者价值，具有以下特征。

①情感连接。社群能让一群有共同价值主张、相同趣味的人建立情感关系。

②利益联结。社群本身也是一种组织形态，要维持这个系统的正常运转，系统内大多数个体都需要产出价值，获得收益。

③有限范围。社群本质上是小范围内的集中链接。

④无线裂变。社群本身有自生长、自复制能力，在某些细分主题之后，将无线裂变成更多主题社群。

⑤自我进化。良好运营的社群会根据实际发生的情况进行更迭，不断优化，变得更为聚焦。

（4）社群新零售的内涵

社群新零售是一种新型的零售模式，将社交网络和电子商务相结合，以社群为基础，通过社交媒体和移动互联网技术，将大量消费人群连接和互动起来，完成商品、内容与服务的交付。用户因为被高质量内容或产品吸引，聚集成社群，社群发展壮大，促成更多交易，完成商业变现，实现线上线下融合的新型零售模式。构建消费者个性化的极致消费体验，打造产业社群新零售的创新模式。

（5）社群新零售优势

社群新零售基于社群关系，以优质的产品作为入口，通过知识的分享、线上线下的活动、好玩有趣的互动等形式，增加用户对企业及其产品的信任度和黏性，大幅度降低企业的获客成本和营销成本。具体优势表现如下。

①提高消费者体验

社群新零售的核心是建立消费者与品牌之间的信任关系。通过社群的分享、互动、传播等方式，消费者可以更加深入地了解品牌和产品，从而提高消费者的购买意愿和忠诚度。此外，社群新零售还可以提供更加个性化的服务，满足消费者的个性化需求。

②降低营销成本

社群新零售可以通过社群的力量，将商品和服务推广到更广泛的消费者群体中，从而降低营销成本。此外，社群新零售还可以通过社群的互动和传播，提高品牌的知名度和影响力，从而提高销售额。

③提高零售效率

以消费者为中心的商业模式建设，重构品牌与消费者的关系，从供求关系向社群关系转变，社群赋能新零售模式，获得模式的竞争优势。加强社群经济建设，围绕品牌用户构建社群经济体系，深度运营用户社群，将用户转化为品牌资产，提高零售效率。

（6）社群新零售业务类型

①社交圈新零售

网络社交场景，是除实体线下销售场景和平台电子商务搜索销售场景外的第三大销售场景。

②视频新零售

在短视频社交场景中，每个人都可以以短视频的形式输出内容，并通过平台的大数据智能推荐机制获得客户圈的粉丝。在短视频中植入商品、圈粉后直播带货是社交零售模式当前典型的趋势。

③直播新零售

直播是当前及未来最火热的销售方式之一。各行各业都可以通过直播立体展示商品，以直播社交的形式来卖货。

④拼团式零售

以低价商品为关键吸引点，号召拼团。例如一个典型的社交电商平台，通过用户之间的拼团购买、分享低价商品等方式，迅速获得了庞大的用户群体。

⑤社区/社群团购新零售

将有着相同的爱好、感情共鸣的消费者群聚拢在一起，搭建多个社群，基于人情味及信任感进行销售。当下社区团购与社群团购均属于此种类型。

⑥内容信息流植入商品

在新的社交零售模式中，通过内容信息流植入商品销售也是一种常见的方式。通过内容输出获取流量来实现现金流，也就是说，当用户看到社群内容时，他们可以即兴消费或直接订购。

⑦多种社群新零售场景

社交+零售模式离不开社群。通过自媒体、社区、博客、贴吧等网络空间引流，也可以作为销售场景，直接实现社群向用户推荐商品和服务。目前，新的社交零售模式多种多样，互动玩法与引流方式也多种多样。

（7）社群新零售运行过程

①建立社群。建立以品牌为核心的社群，为消费者提供更多的社交娱乐项目和实用的功能，让消费者在追求商品的同时，也可以找到共同的兴趣爱好。

②选择合适的渠道。市面上有很多颇具知名度的直播平台，选择适合自己品牌的直播平台和媒体资源，制定相应的营销活动，发挥平台直播的推广优势。

③提供丰富而有趣的内容。以抓住用户的眼球为核心，配合营销策略，提供与品牌和商品相关的有趣而丰富的内容。

④孵化明星内容创作者。鼓励品牌自己孵化明星内容创作者，无论是短视频达人还是带货直播，利用其粉丝数量和影响力增加营销推广效应。

⑤借助特殊节日推广品牌。各类节日，不再只是购物和消费的机会，而要将其与品牌文化、传统文化、社会责任、地区风俗、潮流趋势等结合，打造成营销重要节点，创造更多的品牌营销机会。

⑥整合物流与供应链。利用物流合作伙伴的独有优势，提供全流程的物流服务，提高客户满意度。同时，与供应链企业合作，提高货源稳定性，扩大销售和合作范围。

### 4. O2O 新零售

（1）O2O 新零售的内涵

O2O（Online to Offline）模式是新零售的核心模式之一。O2O 模式有效地将线上和线下渠道融合，打破了传统渠道的壁垒，提升了线下门店的流量和销售额。它通过线上渠道吸引消费者，引导他们到线下实体店铺进行购物和体验。消费者可以通过线上平台浏览商品、比较价格、下单支付等，然后选择线下门店自提或享受配送到家服务。例如，消费者可以通过手机应用程序预约餐厅、酒店、景区或健身场所，并在线上完成支付，然后在线下享受相应的服务。一家知名科技零售公司经营的 O2O 平台，以“零售+科技”的战略践行“帮大家吃得更好，生活更好”使命，持续推动服务零售和商品零售在需求侧和供给侧的数字化升级。消费者可以通过 App 预订餐厅、外卖、电影票等服务，并实现线上支付。

（2）O2O 新零售的优势

①能够充分利用线上和线下的资源，提供便捷、个性的购物体验。

②消费者可以在线上浏览更多商品信息，比较价格和口碑，然后到线下实体店进行实际体验和购买。

③线下实体店也可以通过线上渠道吸引更多的流量和潜在消费者，提高销售额。

### 5. 互联网+新零售

（1）互联网+新零售的内涵

互联网+新零售是指通过互联网技术和数字化手段，将传统零售业与互联网相结合，实现线上线下融合的一种商业模式。该模式以互联网技术为基础，通过线上渠道提供全品类产品销售、推广和服务，同时线下门店提供商品展示、体验、自助购物和售后维修服务。消费者可以在门店内选购商品，也可以通过手机 App 或者网站下单，线下取货或者配送到家。这种模式的典型代表是各大电商平台，以及线下实体店铺与线上渠道相结合的无人超市、无人便利店等。

（2）互联网+新零售的特点

①多渠道销售

通过互联网技术，消费者可以通过多个渠道购买商品，包括线上电商平台、社交媒体、移动应用等。

②数据驱动

通过互联网技术，可以收集和分析大量的消费者数据，从而更好地了解消费者需求和行为，提供个性化的产品推荐和服务。

③无界限购物

消费者可以随时随地通过互联网购买商品，不再受限于时间和空间。

④个性化定制

通过互联网技术，可以根据消费者的需求和偏好，提供个性化的产品和服务，增加消费者的购买意愿和满意度。

⑤整合线上线下资源

互联网+新零售将线上线下渠道进行整合，实现库存、物流、支付等资源的共享和优化，提高效率和降低成本。

### 6. 私域新零售

（1）私域新零售的内涵

零售企业或品牌通过自有渠道和资源，建立自己的销售网络和品牌体系，与消费者建立直接联系和互动，提供个性化、差异化的产品和服务，实现个性化营销的新型零售模式。它与传统的线上平台和线下门店相比，更加注重与消费者的互动和关系建立，强调个性化服务和精细化运营。与传统的零售模式相比，私域新零售更加注重品牌塑造、用户关系管理和数据驱动的运营。例如：一些平台针对私域运营模型建立的 SaaS（Software as a Service）电商体系。从对接大型电商购物平台，到绑定公众号，开发小程序；进而分享图文、进行直播、发起各种拼团、促销、线下活动等，各个方面均贴合私域运营的需求。通过多渠道获取消费者，逐渐留存下忠实消费者，再通过复购、社交裂变，让已有消费者发挥出最大价值，并带来更多新消费者。

（2）私域商城

①私域商城的内涵

作为私域新零售的经典类型，私域商城受到企业和消费者的青睐。私域商城是指由卖家企业自行搭建的、以官方账号为运营主体的线上商城，具有较高的自主性和灵活性，能够更好地连接企业与消费者，提高销售效率，并且可以更好地保护企业的品牌形象和声誉。

②私域商城的优势

第一，自主性强。

私域商城由企业自行搭建，能够更好地提升自身的品牌形象和声誉。企业可以通过私域商城更好地展示自身的商品和服务，并且可以根据自身的需求和特点进行定制化运营。此外，私域商城可以更好地掌握自身的用户数据和消费者行为，从而更好地了解消费者的需求和偏好，提供更加精准的商品和服务。

第二，运营灵活。

私域商城的运营较为灵活，可以根据企业的特点和市场需求进行定制化运营。在私域商城中，企业可以根据不同的产品线和促销活动进行定制化设计，并且可以根据消费者的反馈和意见进行调整和优化。此外，私域商城可以更好地连接企业和消费者，提供更加贴心和个性化的服务体验。

第三，提高销售效率。

私域商城能够更好地提高销售效率，帮助企业实现销售目标。由于私域商城的自主性和灵活性，企业可以更好地掌握销售数据和消费者行为，从而更好地制定销售策略和调整产品线。此外，私域商城可以更好地连接企业和消费者，提高消费者的信任度和忠诚度，从而更好地实现销售目标。

## 5.3.3 全渠道融合

### 1. 全渠道融合演进过程

新零售企业既背负着压力还继续承载着经济的分量。零售巨头们在不断地加紧步伐，小步紧追，通过融合全渠道业务，不断尝试挖掘企业原有业态的数字化价值。新零售通过线上线下的一体化操作，实现多渠道销售和服务。消费者可以在线上渠道下单，并选择到店自提或配送到家；同时，在线下门店购物的消费者也可以通过扫描二维码、使用手机支付等方式享受线上的便捷服务。这种融合模式可以提高销售效率、降低运营成本、提升消费者体验。

全渠道零售的本质是通过整合实体渠道、电子商务渠道和移动电子商务渠道的方式销售商品，提升消费者的购物体验。全渠道融合零售演进有以下三个阶段。

（1）多渠道

通过电商平台、线下渠道和官方渠道，从无到有解决渠道问题，线下品牌跟进线上，线上品牌拓展到线下。

（2）跨渠道

不再以电商平台、线下渠道和官方渠道拓宽销售渠道，而是以这些为基础，从业务层面拆分库存、订单、财务和商品等模块，通过订单通、商品通、库存通，实现线上下单、线下发货，跨店下单、物流发货，线上下单、门店自提等，提升消费者体验，降低企业渠道库存。

（3）融合渠道

实现智能运营，达到会员融合、流量融合和运营融合，线上线下彻底融合，从私域流量运营的维度通过全渠道的会员体系结合零售全生命周期活动，将品牌传播、社群营销、营销活动、导购服务，会员运营实现业务闭环。

### 2. 全渠道融合的关键要素

（1）保持线上线下同款同价

传统零售面临渠道分散、消费者体验不一、成本上升、利润空间压缩等多个困局。新零售从单向销售转向双向互动，从线上或线下，转向线上线下融合。

（2）重视终端门店核心功能

营销从原来的规模和标准化驱动，走向个性化灵活定制。对消费者而言，高效且愉悦地购买所需要的优质商品是他们的基本诉求。所以，终端门店要重视消费体验、定制化服务、聚会交流等“社区”核心功能。

（3）实现全渠道数据互融互通

把实体门店、电商（自建官方商城或入驻平台）、社交自媒体内容平台、CRM 会员系统打通，通过融合线上线下，实现商品、会员、交易、营销等数据的共融互通，向消费者提供跨渠道、无缝化体验。

### 3. 全渠道融合的表现方式

#### 零售案例

**小程序助力家纺集团掘金社交平台生态**

小程序成为助力，S 家纺集团与一社交平台先后多次达成合作，共同打造掘金社交生态。借助社交平台小程序，集团打通营销渠道，实现全方位渗透。小程序上线仅十余天时间，成交总额达 1 100 万元，单日销售额突破 300 万元，日销环比增长 10 倍。它不仅打开了线上渠道，也达到了线上引流到线下的目的，大幅提升了获客效率，同时拉动了线下实体门店的业绩增长。

**想一想**

某家纺公司通过线上小程序引流用户到线下的方式，盘活私域流量，实现了用户裂变，同时大幅提升了用户转化效率，为后期的经营发展打下良好基础。它的全渠道融合还有哪些方面可以深入发展？

（1）渠道一体化

多渠道深度协同融合成“全渠道”。消费者随时随地出现在实体门店、网络电商平台、外卖平台、网络社交私域网店及直播频道等各种零售渠道。零售企业不仅要打造多种形态的销售场所，还必须实现多渠道销售场景的深度闭合，才能满足消费者随时随地随心购买的需求。

（2）经营数字化

商业变革通过数字化把各种行为和场景搬到线上去，然后实现线上线下融合。零售行业的数字化包括消费者数字化、商品数字化、营销数字化、交易数字化、管理数字化等。数字化是通过 IT 系统来实现的，所有数字化战略中，消费者数字化是基础和前提。

（3）门店智能化

大数据时代，门店智能化可以提升消费者互动体验和购物效率，可以增加多维度的零售数据，可以很好地把大数据分析结果应用到实际零售场景中。在零售行业，企业数字化改造之后，门店的智能化进程会逐步加快，但脱离以数字化为基础去追求智能化，可能只会打造出“花瓶工程”。

（4）商品社会化

进入实体门店购物，消费者会觉得店铺商品琳琅满目，当新零售把消费者数字化后，消费者通过线上店铺购物时，会觉得店铺品类缺乏。这就是新零售时代对品类管理的挑战，需要企业重构供应链才能解决。解决的办法就是社会化供应链货源共享、商品共卖等。

（5）物流智能化

传统零售支持到店消费，现取现卖，新零售要求消费者全天候、全渠道、全时段都能买到商品，并能实现到店自提、同城配送、快递配送等，这就需要对接第三方拥有智能配送、物流体系，以此缩短配送周期、去库存化。

## 项目小结

随着互联网技术的不断发展，新零售业态已经成为当今时代的一个热门话题。与传统的零售业态不同，新零售通过新型技术实现了线上与线下的无缝衔接，从而在商品的销售、配送、售后等方面带来了新的变革，推动零售供应链和零售企业 ERP 升级变革，催生新的零售模式。随着营销策略的不断更新迭代，在新零售市场竞争中，在大数据、算法、权重等要素关联综合分析的助力下，企业趋向于数据利好，但是这种商业模式的背后很有可能是“商与法”的博弈。

## 项目测试

### 一、单项选择题

1．以下属于物联网技术在新零售行业的应用的是（　　）。

A．云服务资源管理　　B．智能仓储管理

C．分布式账本　　D．生物识别

2．云计算技术在新零售行业的具体应用包括（　　）。

A．人工客服　　B．全景门店

C．分布式账本　　D．数据安全

3．AI 自动驾驶汽车，应用的是（　　）。

A．图像识别　　B．语音识别

C．数据分析　　D．数据挖掘

4．人工智能技术在新零售领域应用的场景有（　　）。

A．物品识别与管理　　B．加密数据保证交易安全

C．24 小时在线客户服务　　D．准确记录消费者购买过程

5．以下选项中，不是新零售的特征的是（　　）。

A．经营数字化　　B．内容电商化

C．渠道一体化　　D．交易复杂化

6．VR 全景智慧门店的特点是（　　）。

A．正品保障　　B．真实感强

C．性价比高　　D．服务人员多

7．不属于打造智慧门店需要考虑的因素是（　　）。

A．无线网络　　B．AR 技术

C．库存盘点　　D．数据分析

8．下列选项中属于按供应链功能模式分类的是（　　）。

A．反应性供应链　　B．平衡的供应链

C．直接型供应链　　D．外部供应链

9．下列选项中不属于社群新零售业务类型的是（　　）。

A．拼团式零售　　B．分销型零售

C．视频新零售　　D．多种社群式新零售

10．全渠道融合中的商品通表现有（　　）。

A．活动核销服务　　B．SKU 上架同步

C．现场体验服务　　D．海量资讯汇聚

## 二、简答题

1．云 ERP 与传统 ERP 对比的优势。

2．新零售的特征。

3．社群经济的特征。

4．全渠道融合的表现方式。

项目 6

# 遵守零售法律法规

零售行业进入规范发展阶段，相关从业者应当了解零售行业政策，遵守零售行业法律法规，才能更好地维护自身权益、促进行业发展。

本项目介绍了零售行业相关政策及其对零售行业发展方向的引导作用，并针对零售行业各类参与主体在工商注册、电子合同签订、知识产权保护、广告促销等活动中涉及的法律法规进行介绍和解读，使学生形成零售行业的法律法规认知体系，使学生能够遵守零售行业相关法律规范。

## 学习目标

### 素质目标

1．增强法律意识，培养法治精神。

2．提升行业政策关注度，增强社会责任感。

### 知识目标

1．了解零售行业相关政策。

2．了解政策引导行业发展方向。

3．熟悉零售行业相关法律法规。

4．明确工商注册、电子合同签订等零售业务活动中的法律规范和要求。

5．掌握处理零售活动中可能出现的侵权行为的途径和方法。

### 能力目标

1．能够遵守法律法规，开展零售业务。

2．能够运用法律法规解决零售业务活动中出现的侵权问题，维护自身合法权益。

## 案例导入

### 面对恶意差评，商家不该息事宁人

史某对其从网购平台购买的商品不满意，要求退款，遭拒后对订单做出恶意差评。商品卖家以公司名誉受损为由将史某告上法庭。

法院经审理查明，原告史某在某网络购物平台上购买宿迁某商贸公司（以下简称商贸公司）注册店铺内的置物架。店铺内商品详情页面介绍，该置物架安装方式为无痕贴安装。史某收到商品后，以置物架安装方式为胶粘而非吸盘粘贴为由，要求卖家对其退款不退货，遭到卖家拒绝。在卖家向其提供了合法的商标注册证、授权书、商品检测报告后，史某仍多次辱骂卖家客服，并对该订单做出评语"卖假货""离这种商家远一点……"。

原告商贸公司诉请判令被告立即停止侵害公司名誉权；以书面形式向原告道歉，并声明原差评系不实差评。史某辩称，其购买的置物架应是吸盘安装，原告发货的商品是胶粘安装，原告违约在先存在过错，被告给其差评是正当的维权行为。

法院审理后认为，被告在原告已向其出示产品质量合格手续的情况下，仍以"假冒品牌""假货"等词汇对商品进行评价，且评价中含有辱骂原告的言辞，已构成对原告名誉的侵害。关于被告辩称原告违约在先存在过错，法院认为，原告在所售商品页面已描述安装方式为无痕贴。退一步讲，即使原告存在违约行为，所涉及的也是双方买卖合同履行中违约责任问题，其违约行为并不是被告侵害原告名誉权的抗辩理由。综上，法院判令史某停止对商贸公司名誉的侵害，对其在网购平台上做出的差评发表更正声明，并以书面形式向商贸公司道歉。

网购过程中，买家评论往往是商品或服务质量、卖家商业信誉最直观的体现，是商家重要的无形资产。消费者对商品或服务质量享有做出好评或差评的权利，但评论的内容应客观公正。当消费者与经营者在购物过程中发生纠纷时，应依据法律规定和双方订立的合同约定，友好协商处理，协商不成的，还可以通过仲裁、诉讼等合法途径解决，不能自认为对方存在违法、违约行为而在网络上对抗，以不理性的情绪宣泄肆意贬损对方名誉，否则终将受到法律的制裁。

**想一想**

你在生活中遇到过类似的情境吗？你认为作为商家或消费者应当如何依据法律法规维护自己的权益？

# 任务 1 了解零售行业政策

## 6.1.1 零售行业相关政策

零售行业作为我国经济结构的重要组成部分，在推动国民经济增长、促进就业、满足人民群众多样化需求等方面发挥着关键作用，受到国家和社会的高度重视。为了更好地促进零售业健康有序发展，国家根据经济和社会发展的需要，陆续发布了一系列相关政策。

### 1. 国民经济和社会发展整体规划

国民经济和社会发展规划是国家加强和改善宏观调控的重要手段，也是政府履行经济调节、市场监管、社会管理和公共服务职责的重要依据。我国从 1953 年开始，每五年编制一个规划，以适应不同发展阶段的需要和挑战。

零售行业发展在国民经济和社会发展整体规划中逐步得到引导和规范:“十一五”规划中，针对零售行业，政策主要是鼓励多业态发展，鼓励积极发展连锁经营等形式;“十二五”规划中，提到要积极推动电子商业发展;“十三五”规划中，提出要进一步推动物流、供应链等配套措施建设，提出要培育“互联网+”生态体系;“十四五”规划中，将培育新零售作为深入推进服务业数字化转型的重要方式之一。

### 知识拓展

**中华人民共和国国民经济和社会发展第十四个五年规划和**
**2035 年远景目标纲要（节选）**

第十五章 打造数字经济新优势

第二节 加快推动数字产业化

培育壮大人工智能、大数据、区块链、云计算、网络安全等新兴数字产业，提升通信设备、核心电子元器件、关键软件等产业水平。构建基于 5G 的应用场景和产业生态，在智能交通、智慧物流、智慧能源、智慧医疗等重点领域开展试点示范。鼓励企业开放搜索、电商、社交等数据，发展第三方大数据服务产业。促进共享经济、平台经济健康发展。

第三节　推进产业数字化转型

实施“上云用数赋智”行动，推动数据赋能全产业链协同转型。在重点行业和区域建设若干国际水准的工业互联网平台和数字化转型促进中心，深化研发设计、生产制造、经营管理、市场服务等环节的数字化应用，培育发展个性定制、柔性制造等新模式，加快产业园区数字化改造。深入推进服务业数字化转型，培育众包设计、智慧物流、新零售等新增长点。加快发展智慧农业，推进农业生产经营和管理服务数字化改造。

### 2. “十四五”电子商务发展规划（2021 年）

为深入贯彻落实党中央、国务院关于发展数字经济、建设数字中国的总体要求，进一步推动“十四五”时期电子商务高质量发展，根据《中共中央关于制定国民经济和社会发展第十四个五年规划和二〇三五年远景目标的建议》和《中华人民共和国国民经济和社会发展第十四个五年规划和 2035 年远景目标纲要》，商务部、中央网信办和发展改革委研究编制了《“十四五”电子商务发展规划》。《“十四五”电子商务发展规划》从现状与形势、总体要求、主要任务、保障措施四个方面阐明“十四五”时期我国电子商务发展方向和任务。

《“十四五”电子商务发展规划》对零售行业的发展现状予以充分肯定，并指出，“十三五”时期，网上零售额达到 11.8 万亿元，年均增速高达 21.7%。网络购物成为居民消费的重要渠道，实物商品网上零售额对社会消费品零售总额增长贡献率持续提升，网络购物带动相关市场快速发展。传统零售企业数字化转型加快，全国连锁百强企业线上销售规模占比达到 23.3%。农村电商畅通了工业品下乡、农产品进城的渠道，农业数字化加速推进。2020 年全国农村网络零售额达 1.79 万亿元，是 2015 年全国农村网络零售额的 5.1 倍。跨境电商零售进口试点扩大至 86 个城市涵盖海南省全部城市。

《“十四五”电子商务发展规划》从定性目标、定量目标和远景目标三个层面提出电子商务发展目标：到 2025 年，我国电子商务高质量发展取得显著成效。电子商务新业态新模式蓬勃发展，企业核心竞争力大幅增强，网络零售持续引领消费增长，高品质的数字化生活方式基本形成。《“十四五”电子商务发展规划》对零售额的发展预期为“全国网上零售额到 2025 年达 17 万亿元”。

《“十四五”电子商务发展规划》指出，在“引领消费升级，培育高品质数字生活”任务中对零售行业的导向为“大力发展智慧零售，支持传统零售企业数字化转型，加快商业基础设施智能化升级，推广自助终端、电子价签、智能货架、弹性供应链、溯源系统等实体门店数字科技”。

### 3. 扩大内需战略规划纲要（2022—2035 年）

2022 年 12 月，中共中央、国务院印发《扩大内需战略规划纲要（2022—2035 年）》。该文件明确指出，要发展智慧超市、智慧商店、智慧餐厅等新零售业态。健全新型消费领域技术和服务标准体系，依法规范平台经济发展，提升新业态监管能力。

## 6.1.2 相关政策对零售业发展的指引

零售行业相关政策不仅为行业发展提供了有力的支持，也为行业的发展方向提供了明确的指引，有助于推动零售行业的健康、有序和可持续发展。

### 1. 深化创新驱动

创新是产业发展的不竭动力，是零售业高质量发展的必然要求。零售业应持续深化创新驱动，强化技术应用创新，加强创新基础能力建设，推动新技术在零售领域的集成创新和融合应用；加强模式业态创新，充分挖掘用户需求，推动社交电商、直播电商、内容电商、生鲜电商等新零售业态健康发展；深化协同创新，促进零售行业企业协同发展，发挥零售平台在市场拓展和产业升级等方面的支撑引领作用，加强数据、渠道、人才、技术等平台资源有序开放共享；全面加快绿色低碳发展，树立绿色发展理念，提升绿色创新水平。

### 2. 引领消费升级

引领消费升级，培育高品质数字生活。零售企业应积极运用 5G、人工智能、虚拟现实/增强现实等新技术，构建多样化的线上消费场景，创新网络消费方式，提升网络消费体验；积极发展智慧零售，加快企业数字化转型和智能化升级；丰富线上生活服务供给，满足消费者对高品质生活的追求。

### 3. 服务乡村振兴

服务乡村振兴，带动下沉市场提质扩容。零售业积极参与推动农业和农村产业新业态的发展，助力农产品实现产业化、标准化、品质化、品牌化、电商化转型，推动农产品销售供应链体系、物流配送体系等的发展，提升农村电商服务水平，助力乡村振兴。

### 4. 拓展国际合作

拓展国际合作，实现开放共赢新格局。零售业应积极参与国际市场，拓展跨境零售业务，扎实推进新型外贸线上线下融合、境内境外联动的跨境零售营销体系、物流体系、支付体系等的建设，拓展国际市场，提升合作发展水平。同时，要充分挖掘中国传统文化，提升产品文创价值，提升中国品牌国际影响力和竞争力。

### 5. 推进效率变革

推动效率变革，优化要素资源配置。零售业应持续优化数据资源配置，合法合规开展数据处理活动，提升数据资源处理能力，探索数据有序开放共享机制；完善零售业人才培养和引进机制，加强零售业人才市场培育；优化零售载体资源，鼓励示范基地、产业园等开展多形式的交流与合作，鼓励与金融、保险等机构合作创新，进一步提升服务效率。

### 6. 统筹发展安全

统筹发展安全，深化零售行业治理。进一步完善零售行业法规标准体系，统筹推进相关法律法规制定修订，加快数据立法进程，加强新技术应用的规范和监管；提升行业监管能力和水平，构建适应行业高质量发展要求的数字化监管机制，提升协同联动监管能力，优化监管方式，改革监管手段；构建零售行业多元共治格局，推动政府、企业、行业组织等多方共同参与行业治理体系，促进行业健康有序发展。

# 任务 2　认识零售行业法律法规

## 6.2.1　市场主体的注册

在零售行业活动中，明确自身的市场主体身份并遵从相应的法律法规和市场规范是确保参与者合法、有序开展经营活动的基础。

### 1. 明确传统市场主体

2021 年 8 月 24 日，国务院公布《中华人民共和国市场主体登记管理条例》(以下简称《条例》)，《条例》自 2022 年 3 月 1 日起施行。

《条例》第二条规定，市场主体是指在中华人民共和国境内以营利为目的的从事经营活动的下列自然人、法人及非法人组织：

（一）公司、非公司企业法人及其分支机构；

（二）个人独资企业、合伙企业及其分支机构；

（三）农民专业合作社（联合社）及其分支机构；

（四）个体工商户；

（五）外国公司分支机构；

（六）法律、行政法规规定的其他市场主体。

《条例》第三条规定，市场主体应当依照本条例办理登记。未经登记，不得以市场主体名义从事经营活动。法律、行政法规规定无需办理登记的除外。

### 2. 明确电子商务经营主体

（1）明确电子商务经营者

《中华人民共和国电子商务法》第九条规定，本法所称电子商务经营者，是指通过互联网等信息网络从事销售商品或者提供服务的经营活动的自然人、法人和非法人组织，包括电子商务平台经营者、平台内经营者以及通过自建网站、其他网络服务销售商品或者提供服务的电子商务经营者。

认识电子商务经营者需要明确两个问题，一是电子商务活动指的是什么，二是哪些主体可以作为电子商务经营者。

从渠道看，电子商务活动是以互联网等信息网络为渠道实施的，这也是其最显著的特征；从内容看，经营活动包括销售商品或者提供服务；从性质看，电子商务活动是经营性活动，是获取利益、谋求利润的活动。

## 零售案例

小王在某商业街租了一个店铺，从事小家电销售业务。为了更好地销售，他在本地论坛上发布了商品信息和促销广告。很多顾客纷纷来店内购买，生意好了很多。

小赵在一家会计师事务所上班，最近刚买了一台国产笔记本电脑，就打算将旧的电脑在二手平台上售出。不久后，有人在该平台上购买了他的电脑，双方成交。

小李开了一家早餐店，为了更好地方便顾客选餐，他在社交平台上开设了一个公众号，顾客可以利用这个公众号来选餐或者提前预订。

**想一想**

小王、小赵、小李是电子商务经营者吗？

对商家来说，明确是否是电子商务经营者，进而明确自己的经营主体身份，就可以以此判断自身所受到的法律约束。例如商家从事的是电子商务活动，是电子商务经营者，就属于

《中华人民共和国电子商务法》的管辖范围。

（2）电子商务经营者的类型

《中华人民共和国电子商务法》确定了 4 类电子商务经营者，包括电子商务平台经营者、平台内经营者以及通过自建网站、其他网络服务销售商品或者提供服务的电子商务经营者。

①电子商务平台经营者：电子商务平台经营者包括 3 个显著的服务内容，即提供网络经营场所、交易撮合、信息发布。

提供网络经营场所是指平台能够为进驻商家提供独立的网店网址，商家以这个网址作为网络经营场所开展电子商务活动。

交易撮合是平台的重要特征。平台作为第三方，不参与商家与买家之间的具体交易过程，但是平台需要在供给和需求之间撮合交易达成。平台会整合商家信息，对商品进行分类，组织大型促销活动。推送更好的商品等，这些都是平台撮合交易的具体内容。

信息发布是指平台为商家提供各种渠道发布商品和服务信息，既包括在商家店铺内发布的信息，也包括商家通过平台在更大范围内发布的信息。

实现交易指的是商家可以通过平台与买家之间完成整个交易，包括形成订单、电子支付、物流记录等环节。

②平台内经营者：进驻到平台上的商家就是平台内经营者，其借助平台开展电子商务活动。

③通过自建网站销售商品或者提供服务的电子商务经营者：企业自行搭建网站，可以在网站上实现整个交易过程。自建网站：一类是品牌知名度很高的企业自行设立的官方销售渠道，如海尔商城、华为商城等；另一类是大型电商平台的自营商品部分，例如网络购物综合商城的自营商品。

**想一想**

平台经营者和自建网站经营者对比有哪些优缺点？

④通过其他网络服务销售商品或者提供服务的电子商务经营者：除前述三种类别之外的其他电子商务经营者。例如，通过微信朋友圈经营的微商、利用抖音等短视频平台开展电子商务活动的经营者等都可以归为此类型。

### 零售案例

某运动健康公司提供体育运动相关视频教学课程，并放置在某社交软件小程序中。用户可以在小程序中购买课程，观看教学视频。

小杜家中有一个樱桃园，她自己也开了一个网络店铺卖樱桃。平时会在个人社交账号中发布自家樱桃相关信息，包括图片、价格等，还会附上购买链接，顾客可以点击链接进入其网络店铺进行下单购买。

**想一想**

该运动健康公司和小杜是电子商务经营者吗？如果是，分别是哪个类型的电子商务经营者？

### 3. 传统市场主体登记管理

《中华人民共和国市场主体登记管理条例》（以下简称《条例》）第五条规定，国务院市场监督管理部门主管全国市场主体登记管理工作。县级以上地方人民政府市场监督管理部门主管本辖区市场主体登记管理工作，加强统筹指导和监督管理。

《条例》第六条规定，国务院市场监督管理部门应当加强信息化建设，制定统一的市场主体登记数据和系统建设规范。县级以上地方人民政府承担市场主体登记工作的部门（以下简称登记机关）应当优化市场主体登记办理流程，提高市场主体登记效率，推行当场办结、一次办结、限时办结等制度，实现集中办理、就近办理、网上办理、异地可办，提升市场主体登记便利化程度。

《条例》第八条规定，市场主体的一般登记事项包括：

（一）名称；

（二）主体类型；

（三）经营范围；

（四）住所或者主要经营场所；

（五）注册资本或者出资额；

（六）法定代表人、执行事务合伙人或者负责人姓名。

除前款规定外，还应当根据市场主体类型登记下列事项：

（一）有限责任公司股东、股份有限公司发起人、非公司企业法人出资人的姓名或者名称；

（二）个人独资企业的投资人姓名及居所；

（三）合伙企业的合伙人名称或者姓名、住所、承担责任方式；

（四）个体工商户的经营者姓名、住所、经营场所；

（五）法律、行政法规规定的其他事项。

《条例》第十六条规定，申请办理市场主体登记，应当提交下列材料：

（一）申请书；

（二）申请人资格文件、自然人身份证明；

（三）住所或者主要经营场所相关文件；

（四）公司、非公司企业法人、农民专业合作社（联合社）章程或者合伙企业合伙协议；

（五）法律、行政法规和国务院市场监督管理部门规定提交的其他材料。

### 4. 网络市场主体登记管理

电子商务经营者应当办理市场主体登记，经营活动涉及行政许可的需要取得有关部门许可。这意味着在网上开店需要办理营业执照，无论是在各大电商平台还是在各大社交、短视频平台开展电子商务活动，都需要办理营业执照。如果销售的商品涉及许可的，如食品经营许可，需要取得相应的许可。

《中华人民共和国电子商务法》第十二条　电子商务经营者从事经营活动，依法需要取得相关行政许可的，应当依法取得行政许可。

（1）自然人网店的主体登记

自然人网店可以是平台经营者、自建平台电子商务经营者、其他网络服务电子商务经营者，其选择的市场主体组织形式应当是个体工商户。

## 知识拓展

**市场监管总局关于进一步规范电子商务经营者登记工作的通知（节选）**

三、对仅通过网络开展经营活动的平台内经营者申请登记为个体工商户的，可以将电子商务平台为其提供的用于销售商品或者提供服务的网络经营场所登记为经营场所，将经常居住地登记为住所，其住所所在地的县、自治县、不设区的市、市辖区市场监督管理部门为其登记机关。不直接开展经营活动的集群登记地或集中办公地，不适用仅通过网络开展经营活动的平台内经营者办理登记。仅登记网络经营场所的个体工商户，登记机关要在其营业执照“经营范围”后标注“（通过互联网从事经营活动）”。

对于自然人通过网络平台从事利用自己技能开展无须取得许可的便民劳务活动的、依托平台接受网约工作任务的、从事其他依法无需办理营业执照登记的经营活动的，如需办理个体工商户登记，应使用电子商务平台为其提供的网络经营场所办理，其自然人住所所在地的县、自治县、不设区的市、市辖区市场监督管理部门为其登记机关。登记机关要在其营业执照“经营范围”后增加标注“( 灵活就业 )”。

**想一想**

小王在某商业街租了一个店铺，从事小家电批发业务，他已经办理了营业执照。现在小王想在某电子商务平台开一个网店，他是否还需要办理营业执照？

小刘想在某电子商务平台开设一家个人网店销售数码产品，他想办理网络经营地址的个体工商户营业执照，应该去哪里登记办理？

小张想在网络订餐平台开一个自然人店铺做小吃外卖业务，小张需要办理营业执照吗，其业务还需要办理其他许可资质吗？

（2）不需办理营业执照的电子商务经营者

《中华人民共和国电子商务法》针对电子商务的特殊性及相关交易活动特征，允许部分市场主体可以不用办理营业执照。

## 知识拓展

《中华人民共和国电子商务法》第十条　电子商务经营者应当依法办理市场主体登记。但是，个人销售自产农副产品、家庭手工业产品，个人利用自己的技能从事依法无须取得许可的便民劳务活动和零星小额交易活动，以及依照法律、行政法规不需要进行登记的除外。

《中华人民共和国电子商务法》第十条，明确了 5 种无须办理市场主体登记的情形。

①个人销售自产农副产品。此情形需要满足三个条件：一是主体必须是个人；二是商品必须是农副产品；三是形式必须是自产自销。

②个人销售家庭手工业产品。此情形需要满足两个条件：一是主体必须是个人；二是商品必须是家庭手工业产品，即个人亲手制作的手工艺品。

③个人利用自己的技能从事依法无须取得许可的便民劳务活动。此情形涉及条件较多，主要包括：主体必须是个人；提供便民活动，如理发等；利用自己的技能；依法无须取得许可的活动。

④零星小额交易活动。主要指的是频率小、金额小的电子商务活动。

⑤依照法律、行政法规不需要进行登记的市场主体。

想一想

小孙家里种了很多苹果树，他计划在网上开店销售自家的苹果，需要办理营业执照吗？

小明经过学习熟练地掌握了 Photoshop 图片处理技术，他通过社交软件发布信息介绍自己的技术，很多同学找到他让其处理图片。小明需要办理营业执照吗？

## 6.2.2 零售经营合同

合同作为商业活动的重要基石，在零售行业中扮演着至关重要的角色。随着信息技术的发展，传统的纸质合同已不能很好适应现代零售行业新的业务特点的需要。数字化的合同形式，如电子合同，成为零售行业发展的必然趋势。

### 1. 合同的订立与生效

《中华人民共和国民法典》第三编，对合同的订立、效力、履行、保全、变更和转让、权利义务终止以及违约责任等进行了详细的规定。同时，针对包括买卖合同、租赁合同等 19 类典型合同进行了详细说明。

《中华人民共和国民法典》第四百六十九条规定，当事人订立合同，可以采用书面形式、口头形式或者其他形式。书面形式是合同书、信件、电报、电传、传真等可以有形地表现所载内容的形式。以电子数据交换、电子邮件等方式能够有形地表现所载内容，并可以随时调取查用的数据电文，视为书面形式。

《中华人民共和国民法典》第四百七十条规定，合同的内容由当事人约定，一般包括下列条款：

（一）当事人的姓名或者名称和住所；

（二）标的；

（三）数量；

（四）质量；

（五）价款或者报酬；

（六）履行期限、地点和方式；

（七）违约责任；

（八）解决争议的方法。

《中华人民共和国民法典》第四百七十一条规定，当事人订立合同，可以采取要约、承诺方式或者其他方式。

同时，《中华人民共和国民法典》第四百七十二条规定，要约是希望与他人订立合同的意思表示，该意思表示应当符合下列条件：

（一）内容具体确定；

（二）表明经受要约人承诺，要约人即受该意思表示约束。

针对网络交易活动，《中华人民共和国民法典》第四百九十一条规定，当事人采用信件、数据电文等形式订立合同要求签订确认书的，签订确认书时合同成立。当事人一方通过互联网等信息网络发布的商品或者服务信息符合要约条件的，对方选择该商品或者服务并提交订单成功时合同成立，但是当事人另有约定的除外。

关于合同的生效，《中华人民共和国民法典》第四百九十条规定，当事人采用合同书形式订立合同的，自当事人均签名、盖章或者按指印时合同成立。在签名、盖章或者按指印之前，当事人一方已经履行主要义务，对方接受时，该合同成立。法律、行政法规规定或者当事人约定合同应当采用书面形式订立，当事人未采用书面形式但是一方已经履行主要义务，对方接受时，该合同成立。

### 2. 电子商务合同的订立与生效

随着互联网和电子商务的不断发展，电子商务业务场景变得更加多元和复杂。因此，需要采用更为灵活的电子商务合同，以满足不断演变的市场需求和商业实践。

（1）适配不同的业务终端介质。例如有些电子商务合同是针对 PC 网页端的注册场景，有些是适配移动端网页、应用程序或者微信小程序的。不同场景下的合同呈现设计不同，直接影响用户签署合同的效力。

（2）适配不同的业务架构。针对自营电子商务，其电子合同一般只需要《用户注册协议》和《隐私政策》即可；而针对平台类的业务架构，除上述二者外，还需要继续延伸出商家管理、消费者保护、内容管理等层次合同体系和规则。

（3）适配动态业务场景。传统合同一般签署后即固定下来，但电子商务合同中相关条款可以根据互联网产品业务形态的变化而动态调整。例如，目前在线合同中出现的“随时调整”等表述。

相关法律法规针对电子商务情境下的合同订立和生效进行了相关规定。

《中华人民共和国电子商务法》第四十九条规定，电子商务经营者发布的商品或者服务信息符合要约条件的，用户选择该商品或者服务并提交订单成功，合同成立。当事人另有约定的，从其约定。

《中华人民共和国民法典》第四百九十条规定，当事人之间的合同成立，需要遵守“要约+承诺”的程序。电子商务合同的生效应当遵守一些基本规则：如平等、公平原则；协议条款应当以良好的形式明确呈现给用户查阅；电子协议签署的主体应当是真实可信的。

### 零售案例

**【案情简介】**

陈某在某养生馆旗舰店购买商品，因案涉商品成分含有中药材，违反食品安全法关于普通食品不得添加药品的规定，将该养生馆诉讼至上海市松江区人民法院，请求法院判令该养生馆退还货款等。

该养生馆对管辖权提出异议，请求将本案移送杭州互联网法院审理。因其在店铺首页明确公告，购买产品产生纠纷的管辖法院为杭州互联网法院。

**【法院审理】**

本案中，该养生馆使用格式条款，在店铺公告中约定“您（买家）购买本店产品发生任何交易纠纷，管辖法院为浙江省杭州市杭州互联网法院，拍下视为已经清楚此条款。卖家已提醒买家注意，如不同意请勿下单购买”，对此，该养生馆负有采取合理方式提请陈某注意的义务。而从本案在案证据材料看，相关协议管辖权条款的字体大小、标注方式等相较于其他商品信息不突出、不显著，现有证据材料无法用以证明该养生馆已经采取合理方式提请陈某注意格式协议管辖权条款内容，案涉协议管辖权条款应当认定无效。本案由上海市松江区人民法院审理。

电子合同的生效，需要遵守《中华人民共和国民法典》上的要约和承诺规则，其核心为意思表示。无论是点击“同意”还是电子签名，只要是意思表示真实且达成一致，都能通过要约承诺规则订立合同，并且合同具有法律效力。所以，采用哪种形式订立合同并不重要，重要的是能够有证据证明双方做出过意思表示，并有相应的内容。

### 零售案例

**【案情简介】**

郭某某在其社交账号上与刘某云商量其子刘某伟借款的还款事宜，郭某某发消息要求刘某云成为其子刘某伟借款事务的债务担保人，对此消息刘某云回了一个“OK”的表情手势。

后因借款人刘某伟并未偿还有关欠款，郭某某将刘某伟（具有民事行为能力）和其父亲刘某云以逾期未归还债务为由，一同告上了法院，要求其承担本金和利息的还款责任。

刘某云对原告提出的其作为刘某伟债务担保人的事实提出异议，认为其回复“OK”表情手势是在两三天后，没有义务偿还其子刘某伟向原告郭某某借的欠款。

**【法院审理】**

人民法院经审理认为，被告刘某云对原告要求其作为被告刘某伟借款事务的债务担保人的消息回复“OK”表情手势，表明其同意作为此笔债务的担保人，其有义务在被告刘某伟逾期未偿还借款时承担借款偿还责任。

最终，双方同意达成调解协议：被告刘某云与被告刘某伟共同承担还款责任，并在约定期限内偿还原告郭某某相关借款。

### 3. 电子合同生效及例外情况

一般情况下，合同订立后生效，具有法律效力，如果不履行需要承担法律责任。但存在某些特殊情形，合同可能面临不生效或者可撤销、可变更的情况。

《中华人民共和国民法典》第一百四十四条规定，无民事行为能力人实施的民事法律行为无效。

第一百四十六条规定，行为人与相对人以虚假的意思表示实施的民事法律行为无效。以虚假的意思表示隐藏的民事法律行为的效力，依照有关法律规定处理。

第一百五十三条规定，违反法律、行政法规的强制性规定的民事法律行为无效。但是，该强制性规定不导致该民事法律行为无效的除外。违背公序良俗的民事法律行为无效。

第一百五十四条规定，行为人与相对人恶意串通，损害他人合法权益的民事法律行为无效。

《中华人民共和国电子商务法》第四十九条规定，电子商务经营者不得以格式条款等方式约定消费者支付价款后合同不成立；格式条款等含有该内容的，其内容无效。

## 零售案例

**【案情简介】**

2023 年 11 月 10 日，原告高某于被告某酒业公司经营的网络店铺下单购买了 1 件涉案商品，该商品描述为“××53 度酱香型白酒 375 mL 整箱装”，下单时间为 21:09。此后，原告又分别于 21:10、21:12、21:13 陆续下单 1 箱、100 箱、50 箱涉案商品，总计付款 106 248 元。原告下单后，被告并未发货，后原告与该电商平台和被告多次沟通，被告仍拒绝发货，故原告诉至法院，请求判令被告向原告履行合同，交付 152 箱涉案白酒。

被告某酒业公司辩称，上述订单中商品预览照片均显示为 1 瓶装，结合页面展示的店铺活动主页面、主图、规格等相关信息可以判断出涉案商品应以瓶装为单位，涉案订单将单位

"1瓶装"误标为"整箱装"，属于价格标注错误。其次，被告发现上述错误后及时进行解释、修改，并未实际发货，因此涉案合同未成立。

**【法院审理】**

法院经审理查明，交易快照及订单详情页面显示，在价格处标注为每箱，但订单页面的商品图片显示为1瓶，以及商品介绍页面的商品毛重、包装、容量等信息均为1瓶装的规格标准。双方沟通记录显示，原告询问被告某酒业公司的客服"一箱699""我买了三百五十件哈""我准备付款了"，客服告知原告"这个是一瓶"，原告回复"上面可是整箱装""没有任何一箱的解释哈"。客服随后又告知原告价格标错，若发货也只能按照单瓶进行发货，或者原告取消订单平台将货款退还并给予一定补偿，但原告拒不接受。

法院经庭审认为：

一、原被告合同关系成立

《中华人民共和国电子商务法》第四十九条规定，电子商务经营者发布的商品或者服务信息符合要约条件的，用户选择该商品或者服务并提交订单成功，合同成立。当事人另有约定的，从其约定。本案中，涉案店铺对涉案商品进行了详细介绍及图片展示，消费者在提交订单及付款过程中可以直观了解到有关商品的具体信息，涉案店铺对涉案商品的价格标示错误不影响其对商品的信息展示构成要约。故法院认为原告与被告间的信息网络买卖合同成立。

二、原告不应趁被告价格标注错误而恶意大量下单以牟取不当利益

涉案商品价格标示出现错误，虽不影响双方之间成立合同关系，但由于原告并未支付合理或相当的对价，如果履行合同，原告实际获得了不当得利，被告也面临损失，双方利益显然失衡。被告客服于同日告知原告，699元是1瓶的价格，但原告坚持要求被告按照699元/箱发货。涉案白酒系知名白酒品牌，消费者对该品牌白酒的价格有一定的认知，按照一般人理性的理解，699元应当是1瓶的价格，原告主张按箱交付，显然不符合一般人对涉案白酒价格的认知。如果按照原告主张的价格交付，显然双方利益严重失衡，合同订立时显失公平。

最后法院驳回原告高某的全部诉讼请求。宣判后，原告提起上诉，二审法院审理后驳回其上诉，维持原判。目前，该判决已生效。

**【案情解读】**

这是一起典型的因错误标价而产生的信息网络买卖合同纠纷。近年来，随着电子商务的发展，信息网络买卖合同缔结的过程无法脱离互联网，依赖平台算法，一旦信息输入错误，以错误价格订立合同便无法避免。如果任由消费者恶意缔约，势必造成电子商务经营者不相当的损失，利益显然失衡。

电子商务经营者的正当权益如何进行救济，需要结合具体情况加以分析。一方面，可以依据《中华人民共和国民法典》第一百四十七条，通过诉讼或仲裁行使撤销权，撤销合同，使信息网络买卖合同归于无效。但实践中，基于网络购物特点，尤其是“秒杀”、抢购等促销活动中，有可能因涉及订单过多、消费者身份不易查证等因素，造成经营者无法在撤销权的除斥期间内完成撤销权的行使。另一方面，可以依据《中华人民共和国民法典》第六条、第七条和第一百三十二条规定，主张消费者的恶意缔约行为违反了诚信原则和禁止权利滥用原则，如履行合同，双方利益显然失衡。此时消费者的合同履行请求权的行使应受到限制，仅可主张解除合同、返还已支付货款，而消费者主张继续履行合同的诉讼请求不应得到法院支持。

## 6.2.3 知识产权保护

创新是引领发展的第一动力，保护知识产权就是保护创新。没有知识产权保护作为基础，创新将缺乏持续动力。党的二十大报告提出：“完善产权保护、市场准入、公平竞争、社会信用等市场经济基础制度，优化营商环境。”全面建设社会主义现代化国家，必须更好推进知识产权保护工作。

在共享共治的知识产权合作下，电子商务知识产权保护水平持续提升，电子商务平台在推进知识产权运用和服务等方面开始发挥越来越重要的作用，成为保护原创、培育自主品牌、推动知识产权创新与发展的重要舞台。

### 1. 什么是知识产权

知识产权是人们就其智力劳动成果所依法享有的专有权利，通常是国家赋予创造者对其智力成果在一定时期享有的专有权或独占权。从本质上说是一种无形财产权，它的客体是智力成果或是知识产品，是一种无形财产或者一种没有形体的精神财富，是创造性的智力劳动所创造的劳动成果。

在众多的知识产权类型中，最常见的是著作权、专利权和商标权。著作权，也称版权，是指对文学、艺术和科学作品享有的专有权利；专利权是指专利权人对取得专利的发明、实用新型和外观设计依法享有的专有利用的权利；商标权是指对商品的可识别性标志所享有的专有权利。知识产权属于民事权利，受国家法律保护。

《中华人民共和国民法典》第一百二十三条规定，民事主体依法享有知识产权。知识产权是权利人依法就下列客体享有的专有的权利：

（一）作品；

（二）发明、实用新型、外观设计；

（三）商标；

（四）地理标志；

（五）商业秘密；

（六）集成电路布图设计；

（七）植物新品种；

（八）法律规定的其他客体。

### 2. 我国知识产权保护工作

知识产权制度是近代科学技术与商品经济发展的产物。我国知识产权保护工作在新中国成立后不久就开始了。1950 年，我国颁布了《保障发明权与专利权暂行条例》《商标注册暂行条例》等知识产权法规，对实施专利、商标制度作出了初步探索，后又制定了《中华人民共和国商标法》《中华人民共和国专利法》《中华人民共和国著作权法》《中华人民共和国反不正当竞争法》等法律。在《中华人民共和国民法典》《中华人民共和国电子商务法》等制定、修改中，也根据实践需要，进一步充实完善了知识产权保护相关内容。

我国对知识产权保护工作的重视程度持续提升，相关保护体系也在不断完善。

（1）加强知识产权保护工作顶层设计。保护知识产权的目的是“激励创新，服务和推动高质量发展，满足人民美好生活需要”。知识产权保护工作要服务该目的。

（2）提高知识产权保护工作法治化水平。完备的知识产权法律法规体系，高效的执法司法体系，是强化知识产权保护的重要保障。

（3）强化知识产权全链条保护。知识产权保护是一个系统性工程，覆盖领域广、涉及方面多，很难用单一模式、单一手段实现对所有知识产权类型、所有环节的保护，需要综合运用法律、行政等多种手段，从审查授权、行政执法、司法保护等环节完善保护体系，加强协同配合，构建大保护工作格局。

（4）深化知识产权保护工作体制机制改革。党的十八大以来，中央全面深化改革领导委员会先后部署了多项知识产权专项改革方案，要一项一项抓落实，做到系统集成、协同推进。

（5）统筹推进知识产权领域国际合作和竞争。知识产权是国际竞争力的核心要素，越来越成为国际争端的焦点，面对争端，要敢于斗争、善于斗争，绝不放弃正当权益，绝不牺牲国家核心利益。

（6）维护知识产权领域国家安全。知识产权对外转让事关国家安全，必须坚持总体国家安全观，实行严格审查、严格管理。

### 3. 网络零售中的知识产权保护

网络零售中涉及的知识产权问题较为广泛，如盗版侵权、专利侵权等，严重损害权利人的合法权益。因此，网络零售发展中必须加强知识产权保护，切实维护知识产权权益人的合法权益。

《中华人民共和国电子商务法》明确规定了电子商务平台经营者应当建立知识产权保护规则，即平台都需要有一套知识产权保护规则和处理机制、组建专业的处理团队。

《中华人民共和国电子商务法》第四十一条规定，电子商务平台经营者应当建立知识产权保护规则，与知识产权权利人加强合作，依法保护知识产权。

《中华人民共和国电子商务法》第四十二条规定，知识产权权利人认为其知识产权受到侵害的，有权通知电子商务平台经营者采取删除、屏蔽、断开链接、终止交易和服务等必要措施。通知应当包括构成侵权的初步证据。从风险的角度来说，如果知识产权权利人向平台依法进行了知识产权投诉而平台未采取必要措施，则根据《中华人民共和国民法典》的规定，平台需要和侵权人承担侵权的连带责任。

电子商务平台经营者接到通知后，应当及时采取必要措施，并将该通知转送平台内经营者；未及时采取必要措施的，对损害的扩大部分与平台内经营者承担连带责任。

《中华人民共和国电子商务法》第四十五条规定，电子商务平台经营者知道或者应当知道平台内经营者侵犯知识产权的，应当采取删除、屏蔽、断开链接、终止交易和服务等必要措施；未采取必要措施的，与侵权人承担连带责任。

目前，各大网络零售平台都在完善其知识产权保护机制，在处理知识产权侵权投诉时，积极采取必要措施，避免侵权行为的持续，从而避免承担连带侵权责任。

实践中，电子商务平台为了提高处理投诉的效率、降低运营成本，往往会在网站首页设置知识产权的投诉入口，并且可以查阅平台知识产权管理规范、需要提交的材料及流程等内容。相关方也可以直接咨询平台客服，进入知识产权投诉相关页面。

（1）商标权侵权行为及保护

商标被注册以后，任何人未经注册人许可，不能使用。任何未经商标注册人的许可擅自使用他人商标，以及伪造、仿制他人已经注册商标的行为，都是违法行为。

## 零售案例

**【案情简介】**

根据某国产手机商标注册人提供的线索，某市工商分局执法人员依法对当地两个房间进行检查。这两个房间占地约300平方米，房间内到处堆满了标有该商标标志的手机及手机配件，几名工人正在加工组装各式名牌手机。执法人员查获了大量用于生产加工手机的工具。

经调查发现，该商标是该公司在手机上合法使用的注册商标，依法应予以保护。而在上述房间查获的手机及手机配件的标志与该注册商标完全一致。询问中，货主未能提供这批手机及手机配件的合法来源证明，涉嫌侵犯该注册商标专用权。经清点，执法人员在上述房间内查获的涉嫌侵权的手机数千部，涉嫌侵权的电池、标识、充电器等手机配件共上万套（件）。执法人员依法对上述物品予以暂扣。

该工商分局执法人员同时认定：由于涉嫌侵权的手机及手机配件市值较大，涉嫌构成侵犯注册商标专用权罪，且达到刑事立案标准。为保证该案的正确性和迅速处理，该工商分局依法将此案移交当地公安分局处理。

**【法院审理】**

最高人民法院、最高人民检察院在《关于办理侵犯知识产权刑事案件具体应用法律若干问题的解释》中有明确规定："未经注册商标所有人许可，在同一种商品上使用与其注册商标相同的商标"，且非法经营数额较大，"属于刑法第二百一十三条规定的'情节严重'"。

（2）版权侵权行为及保护

网络零售活动中，未经许可而应用版权产品，存储于数据库或在网络上随意传输；未经许可而上传他人的数字化作品；在网页使用具有版权保护的图像、音乐等从事商业活动；破解他人具有版权的作品，将破解后的作品放在网络上供他人使用和转载等行为都会给版权所有人造成损失，均属于侵犯版权行为。

## 零售案例

### 甲出版社股份有限公司与乙书店著作权权属纠纷案

**【案情简介】**

甲出版社对公路水运工程试验检测专业技术人员职业资格考试用书（《公共基础》《道路工程》《桥梁隧道工程》）等系列图书享有复制权、发行权。

甲出版社发现乙书店在网络销售平台上开设的"图书经营店"存在销售侵权图书行为，遂保留证据后，委托律师通过店铺客服平台向其发出律师函，要求立即停止销售该出版社所有盗版图书，删除盗版侵权链接。

**【法院审理】**

法院认为,《最高人民法院关于审理著作权民事纠纷案件适用法律若干问题的解释》第七条规定，当事人提供的涉及著作权的底稿、原件、合法出版物、著作权登记证书、认证机构出具的证明、取得权利的合同等，可以作为证据。根据涉案图书上的署名以及《版权许可备忘录》，甲出版社经授权取得了涉案作品的复制发行权，且尚在保护期限内，应受法律保护。本案中，被诉侵权图书与正版图书未存在差别，系侵权图书。乙书店未经甲出版社许可，以营利为目的，擅自在其经营的网络店铺中销售涉案侵权产品，侵犯了甲出版社的发行权，故甲出版社要求乙书店停止侵权并赔偿损失的理由成立，法院予以支持。

（3）专利权侵权行为及保护

专利权是知识产权的一个重要组成部分，除具备知识产权的共同特征外，还具有自己独立的特征：独占性、公开性、授予性、时间性。

涉电子商务平台知识产权侵权纠纷案件中，被诉侵权人提出行为保全申请，请求判令平台经营者取消删除、屏蔽、断开链接、终止交易和服务等措施的，人民法院应当予以审查。

## 零售案例

### 外观设计专利权纠纷案

**【案情简介】**

原告甲公司系名称为“笔（WRY9001）”的外观设计专利权人，其认为被告乙公司在网店销售的由被告丙公司生产的型号为 DE2160 的中性笔，侵犯了其享有的专利权，请求法院判令两被告停止制造、销售被控侵权产品，并赔偿经济损失及合理开支共计 200 万元。

**【法院审理】**

法院经审理认为，外观设计近似的判断中，应遵循“整体观察，综合判断”的原则。在具体案件中，既应考察被诉侵权设计与授权外观设计的相似性，也应考察其差异性；需分别从被诉侵权产品与授权外观设计的相同设计特征和区别设计特征出发，就其对整体视觉效果的影响分别进行客观分析，避免主观因素的影响。丙公司未付出创造性劳动，通过在授权外观设计的基础上，改变或添加不具有实质性区别的设计元素以及图案和色彩，构成对涉案外观设计专利权的侵犯。法院判令两被告停止侵权，并赔偿经济损失及合理支出共计 10 万元。双方当事人均未上诉。

### 6.2.4 促销活动规范

零售促销活动应当遵循法规、有序开展，使其向着积极健康的方向发展。缺乏规范的促销行为会对商家和消费者的权益造成损害，影响零售行业的高质量增长。因此，确保零售促销活动遵守相关法律法规至关重要。

广告是以付费的方式，通过一定的媒介，向一定的人，传递一定的信息，以期待达到一定目的的有责任的信息传播活动。零售经营活动中，商家通过广告宣传自己的商品或服务，消费者通过广告了解商品特点和价值，广告在实现零售交易中具有重要意义和作用。

**知识拓展**

《中华人民共和国广告法》第十一条　广告内容涉及的事项需要取得行政许可的，应当与许可的内容相符合。

广告使用数据、统计资料、调查结果、文摘、引用语等引证内容的，应当真实、准确，并标明出处。引证内容有适用范围和有效期限的，应当明确表示。

**零售案例**

某零售商在网上销售一款 LED 灯泡，使用了“25 000 小时≈10 年使用寿命”的广告用语。市场监督管理局进行调查时，该商家提供了生产厂家照明检测中心的证明材料，支持了上述用语。但是由于该商家在广告用语中没有表明出处，被市场监督管理局认定为发布无引证出处的广告数据的行为，责令其停止发布广告。

#### 1. 促销活动的规则要明确

促销活动是电商平台或商家常规的经营活动，促销活动广告内容是否合规是广告发布者需要重点关注的方面。零售经营者进行促销行为、发布促销广告，应当全面、真实、准确、及时地披露商品或者服务信息，保障消费者的知情权和选择权。不得以虚构交易、编造用户评价等方式进行虚假或者引人误解的商业宣传，欺骗、误导消费者。

《中华人民共和国广告法》第八条规定，广告中对商品的性能、功能、产地、用途、质量、成分、价格、生产者、有效期限、允诺等或者对服务的内容、提供者、形式、质量、价格、允诺等有表示的，应当准确、清楚、明白。广告中表明推销的商品或者服务附带赠送的，应当明示所附带赠送商品或者服务的品种、规格、数量、期限和方式。法律、行政法规规定广告中应当明示的内容，应当显著、清晰表示。

《中华人民共和国消费者权益保护法》第八条规定，消费者享有知悉其购买、使用的商品或者接受的服务的真实情况的权利。

《中华人民共和国电子商务法》第十七条规定，电子商务经营者应当全面、真实、准确、及时地披露商品或者服务信息，保障消费者的知情权和选择权。电子商务经营者不得以虚构交易、编造用户评价等方式进行虚假或者引人误解的商业宣传，欺骗、误导消费者。

### 2. 规避使用“最终解释权”

商家在促销活动广告中，常会使用“最终解释权归本店所有”这样的表述，但这是一个明显的违法行为。经营者在广告宣传材料、商标等物品上标明自己享有“最终解释权”，其目的一般有两种：其一是想减轻、免除自己的民事责任；其二是想给消费者设置一个陷阱，使自己获得不正当的经济利益。这种做法属于商业欺诈行为，经营者不得以“最终解释权”为借口，侵害消费者权益。

《侵害消费者权益行为处罚办法》第十二条规定，经营者向消费者提供商品或者服务使用格式条款、通知、声明、店堂告示等的，应当以显著方式提请消费者注意与消费者有重大利害关系的内容，并按照消费者的要求予以说明，不得作出含有下列内容的规定：

（一）免除或者部分免除经营者对其所提供的商品或者服务应当承担的修理、重作、更换、退货、补足商品数量、退还货款和服务费用、赔偿损失等责任；

（二）排除或者限制消费者提出修理、更换、退货、赔偿损失以及获得违约金和其他合理赔偿的权利；

（三）排除或者限制消费者依法投诉、举报、提起诉讼的权利；

（四）强制或者变相强制消费者购买和使用其提供的或者其指定的经营者提供的商品或者服务，对不接受其不合理条件的消费者拒绝提供相应商品或者服务，或者提高收费标准；

（五）规定经营者有权任意变更或者解除合同，限制消费者依法变更或者解除合同权利；

（六）规定经营者单方享有解释权或者最终解释权；

（七）其他对消费者不公平、不合理的规定。

## 零售案例

市场监管局执法人员在巡查时发现，某火锅店外墙张贴喷绘广告一幅，发布含有“盛大开业，空前巨惠，充值 500 送 100，充值 1 000 送 300……本活动最终解释权归本店所有”等内容的促销广告，涉嫌侵害消费者权益。

经查，当事人在其火锅店楼下外墙张贴了此喷绘广告，用于其店铺开业促销。当事人的行为违反了《侵害消费者权益行为处罚办法》第十二条的规定，市场监管局依据《侵害消费者权益行为处罚办法》第十五条的规定，对当事人作出警告并罚款的行政处罚。

### 3. 合规使用“绝对化”用语

商品和服务的多样性意味着每个商家都有其独特之处，很难通过简单比较评判出哪个是最好的。同样的，也很难有明确的标准，能界定什么样的商品是最佳、最好、最高级、国家级等的水平。如果在广告中使用这些词汇，不仅可能对消费者产生误导，而且对其他商家也是不公平的，容易引发不正当竞争。广告中应当避免使用这些可能引起误解的词汇，以确保信息的真实性和公平性。

《中华人民共和国广告法》第九条规定，广告不得使用“国家级”“最高级”“最佳”等用语。

## 零售案例

重庆某公司发布含有“中国葛根行业第一品牌”等内容的食品广告，被罚款 20 万元。

佛山某新材料科技有限公司曾发布含有“龙头品牌”“绝对的无污染”“价格是最低的”“质量又是最好的”“绝对是最好的选择，没有之一”“全球顶尖”“最佳替代品”等用语的广告，被罚款 23 万元。

《中华人民共和国广告法》规定不得在广告中使用国家级、最高级、最佳等用语。但是这并不等同于完全禁止使用绝对化用语，要做到广告用语不违法，商家需要深入了解法条内涵，精准把握合规要领。某些情境中，绝对化用语是可以合规使用的。

①用绝对化用语表达企业理念的。例如，某企业广告语“追求卓越、永争第一”，表达的是企业的追求理念，属于合规使用。

②用于对同一产品、同一企业内部表述时。例如，某产品系列最新、顶配、最大尺码等表述，属于合规使用。

③仅通过广告来宣传本产品使用的最佳时间、最佳方法等，不属于使用绝对化用语的违法情形。例如，“本品最佳食用温度”“本品最佳食用方法”等。

④真实且有限定条件的表述。例如，全网首发、独家代理等。

## 项目小结

本项目从宏观视角介绍了影响零售行业整体发展的重大国家政策，以及其对零售行业发展方向的政策指导作用，引导学生积极关注国家政策和行业动态。同时介绍了在零售活动特别是网络零售活动中各个关键环节应当遵守的法律法规，使学生树立遵守法律法规和运用法律手段维护自身合法权益的意识，为学生合法合规从事零售行业相关活动打下基础。

## 项目测试

### 一、单选选择题

1. 国民经济和社会发展整体规划每（　　）编制一次。

A. 3 年　　B. 4 年

C. 5 年　　D. 6 年

2. “深入推进服务业数字化转型，培育众包设计、智慧物流、新零售等新增长点。”是在哪个国民经济和社会发展规划中提出的（　　）。

A. “十一五”规划　　B. “十二五”规划

C. “十三五”规划　　D. “十四五”规划

3. 淘宝网属于哪一类电子商务经营者（　　）。

A. 电子商务平台内经营者

B. 电子商务平台经营者

C. 通过自建网站电子商务经营者

D. 通过其他网络服务的电子商务经营者

4. 知识产权不包括以下选项中的（　　）。

A. 专利权　　B. 商标权

C. 著作权　　D. 肖像权

5. 下列选项中，合规的促销广告语是（　　）。

A. 本款洗发水是去屑效果最好的洗发水

B. 本款电视在消费者中拥有最高认可度

C. 本款手机是该系列最新款手机

D. 无论哪种肌肤类型，使用本款商品都可以年轻 10 岁

### 二、简答题

1. 零售行业政策对零售业发展方向的指引有哪些？

2. 小王同学家里种植桃子，为了更好地销售自家的桃子，他在社交软件平台发布相关售

卖信息，吸引顾客前来购买。小王同学需要办理营业执照吗？为什么？

3．合同一旦成立，就一定具有法律效力吗？

4．广告促销中所有的绝对化表述都是不可以用的吗？并举例说明。

5．“最终解释权归本店所有”的表述合规吗？